일본어가 반듯하게 무럭무럭 자라는

すくすく 日本語 첫걸음

スク スク = 스쿠스쿠

PAGODA Books

すくすく 日本語 첫걸음

초판 1쇄 인쇄 2006년 6월 10일
초판 36쇄 발행 2023년 9월 18일

지 은 이 | 파고다교육그룹 언어교육연구소
펴 낸 이 | 박경실
펴 낸 곳 | **PAGODA Books** 파고다북스
출판등록 | 2005년 5월 27일 제 300-2005-90호
주 소 | 06614 서울특별시 서초구 강남대로 419, 19층(서초동, 파고다타워)
전 화 | (02) 6940-4070
팩 스 | (02) 536-0660
홈페이지 | www.pagodabook.com

ISBN 978-89-91722-75-0 (18730)

파고다북스 www.pagodabook.com
파고다 어학원 www.pagoda21.com
파고다 인강 www.pagodastar.com
테스트 클리닉 www.testclinic.com

| 낙장 및 파본은 구매처에서 교환해 드립니다.

발간사

다양화 되어가는 국제화시대에 외국어를 공부하는 목적은 여러가지가 있겠지만, 뭐니뭐니 해도 가장 큰 목적은 시험 대비와 외국인과 대화를 하는 것에 있을 것입니다.

최근 일본 영화, 음악, 여행 등 일본에 대한 관심이 날로 증가되고 있으며, 이런 상황 속에서 일본을 이해하기 위한 첫걸음은 역시 일본어의 습득일 것입니다.

외국어는 꾸준히 하기만 하면 어느 정도의 실력 향상을 기대할 수 있지만 학습방법에 따라서 기간과 실력에 차이가 납니다.

이 교재는 일본어 회화를 좀더 효율적으로 습득하기 위해서 만들어졌으며, 문법을 체계적으로 습득하고 단어를 늘려서, 일상생활에서 활용할 수 있는 말하기 능력과 듣기 능력을 향상시키는 것을 목표로 하고 있습니다.

MP3로 원어민의 발음을 들으면서 소리와 리듬에 익숙해진 후, 따라 말하는 연습을 통해 일본사람과 원활한 대화를 할 수 있도록 하였습니다.

이 교재를 통해 일본어와 친숙해져서 단기간에 원하는 각각의 목적을 이루기를 바랍니다.

끝으로 이 교재를 집필해 주신 파고다 언어교육연구소 하영애 선생님, 노지영 선생님의 노고에 깊은 감사를 드리며, 마지막까지 지켜주신 하나님께 영광을 돌립니다.

펴낸이 박경실

일러두기

07

韓国料理が好きですか。

パク：鈴木さんは韓国料理が好きですか。

鈴木：ええ、大好きです。

でも、辛いのはあまり好きじゃありません。

パク：そうですか。料理は上手ですか。

鈴木：いいえ、あまり上手じゃありません。

학습목표

각 과에서 학습해야 하는 문법의 목표를 한눈에 쏙 들어오게 정리하였습니다. 학습 후에는 제시된 학습포인트를 스스로 확인하면서 복습을 할 수 있습니다.

회화본문

각 과에서 습득한 문형을 쉽고 자연스러운 문장으로 회화연습을 할 수 있도록 하였습니다. 이 대화문만 통째로 외우면 일본사람과 바로 대화할 수 있도록 하였습니다.

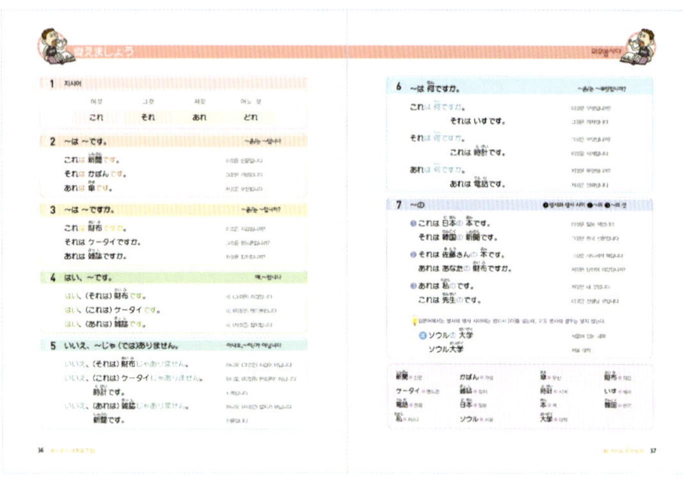
1 지시어

これ それ あれ どれ

2 ~は ~です。

3 ~ですか。

4 はい、~です。

5 いいえ、~じゃ(では)ありません。

6 ~は何ですか。

7 ~の

외워봅시다

일본사람과 대화할 때에 꼭 필요한 중요한 문형과 문법사항을 예문과 더불어 쉽고 간결하게 정리하였습니다. 또한 예문에 대한 해석이 바로 옆에 되어 있고, 아래에 단어정리도 되어 있어 바로바로 확인할 수 있도록 하였습니다.

MP3

회화본문

말해봅시다

들어봅시다

단어장(PDF)

각 과에서 나오는 단어는 물론 중요한 예문 수록

MP3 및 단어장 무료 다운로드

www.pagodabook.com

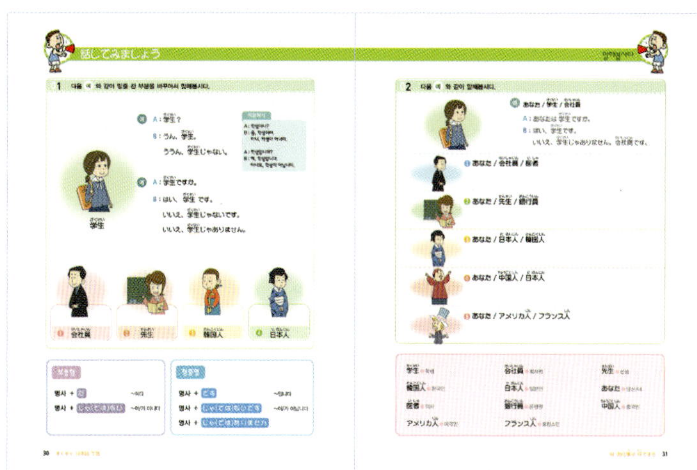

말해봅시다

학습한 문형에 더욱 다양한 어휘를 넣어서 말해보는 패턴연습을 통해 중요한 문형과 어휘를 입으로 익힐 수 있도록 하였습니다. 또한 MP3로 원어민의 발음을 듣고 따라하면서 실제 일본사람처럼 말할 수 있도록 하였습니다.

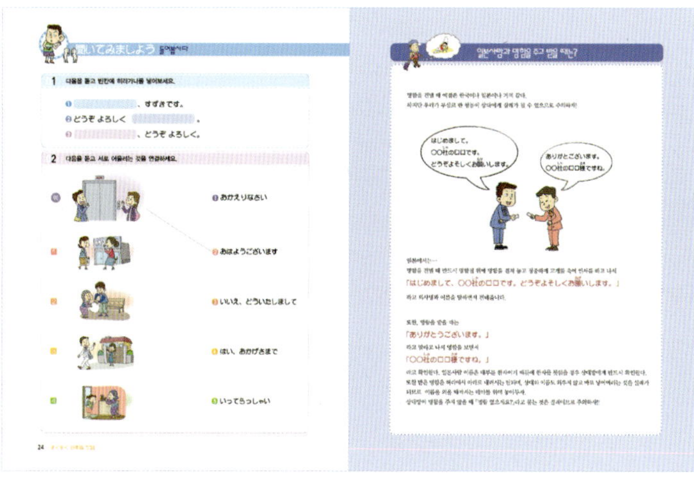

들어봅시다

상대방의 말이 들려야 대화를 할 수 있습니다!
각 과에서 습득한 문형을 이용한 자연스러운 대화와 문제를 통해 확실하게 귀를 뚫을 수 있습니다.

일본문화

일본의 흥미로운 문화를 즐겁게 읽으면서 체험할 수 있습니다.

이 교재를 효과적으로 사용하려면?

먼저 **학습포인트**로 학습목표를 확인하고,
외워봅시다로 문형과 문법을 다지고,
말해봅시다에서 입을 떼고,
들어봅시다로 귀를 뚫고,
회화본문으로 자연스러운 회화를 습득하시면 됩니다!

日本語 첫걸음

차례

차례

すくすく 日本語 초급

すくすく 日本語 중급

日本語 첫걸음

오십(50)음도

	あ행	か행	さ행	た행	な행	は행	ま행	や행	ら행	わ행	
あ단	あ a	か ka	さ sa	た ta	な na	は ha	ま ma	や ya	ら ra	わ wa	ん ŋ
い단	い i	き ki	し si	ち chi	に ni	ひ hi	み mi		り ri		
う단	う u	く ku	す su	つ tsu	ぬ nu	ふ hu	む mu	ゆ yu	る ru		
え단	え e	け ke	せ se	て te	ね ne	へ he	め me		れ re		
お단	お o	こ ko	そ so	と to	の no	ほ ho	も mo	よ yo	ろ ro	を wo	

	ア행	カ행	サ행	タ행	ナ행	ハ행	マ행	ヤ행	ラ행	ワ행	
ア단	ア a	カ ka	サ sa	タ ta	ナ na	ハ ha	マ ma	ヤ ya	ラ ra	ワ wa	ン ŋ
イ단	イ i	キ ki	シ si	チ chi	ニ ni	ヒ hi	ミ mi		リ ri		
ウ단	ウ u	ク ku	ス su	ツ tsu	ヌ nu	フ hu	ム mu	ユ yu	ル ru		
エ단	エ e	ケ ke	セ se	テ te	ネ ne	ヘ he	メ me		レ re		
オ단	オ o	コ ko	ソ so	ト to	ノ no	ホ ho	モ mo	ヨ yo	ロ ro	ヲ wo	

Track 2

ひらがなを 覚えましょう 히라가나를 외워봅시다

清音 ………… 청음

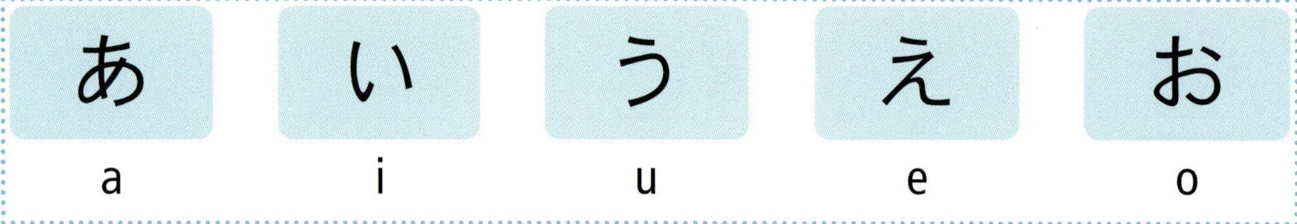

「あ,い,う,え,お」는 일본어의 모음이며, 발음은 우리말의 「아,이,우,에,오」와 비슷하다.

あい●사랑　いす●의자　うみ●바다　えいが●영화　おかね●돈

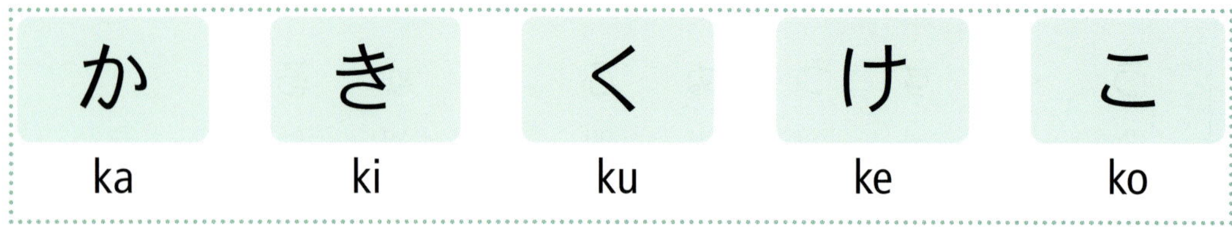

「あ,い,う,え,お」에 [k]를 붙인 발음으로, 단어의 처음에 오면 우리말의 [ㄱ]과 [ㅋ]의 중간음으로 발음되고, 중간이나 끝에 오면 우리말의 [ㄲ]에 비슷하게 발음한다.

かさ●우산　きもの●기모노　くすり●약　けしき●경치　こえ●소리

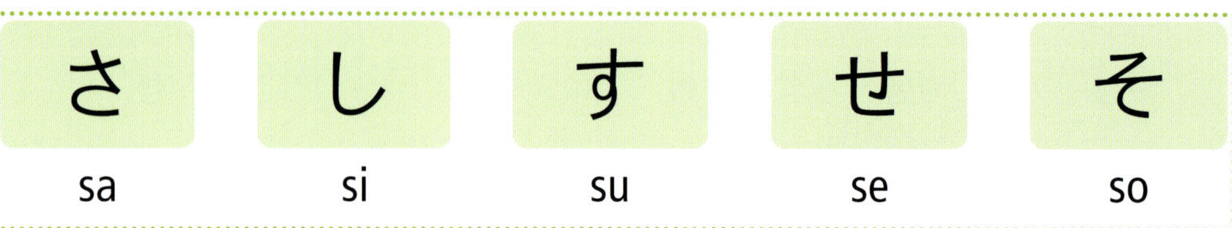

「あ,い,う,え,お」에 [s]를 붙인 발음으로, 우리말의 「사,시,스,세,소」와 비슷하다. 「す」는 우리말의 [수]와 [스]의 중간 발음이지만 [스]에 가까운 발음이다.

さしみ●회　しつもん●질문　すし●초밥　せき●기침　そうじ●청소

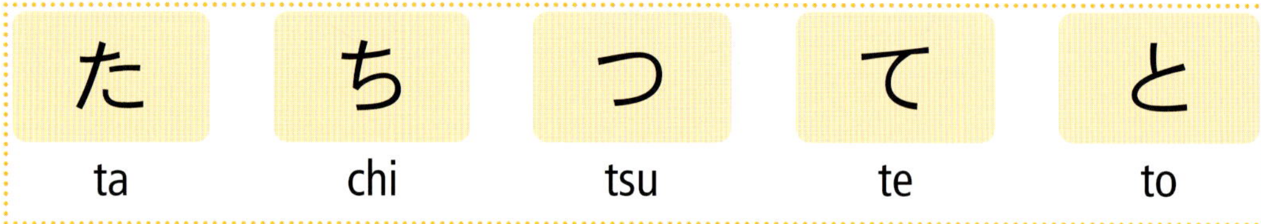

「た」행 발음은 「あ,え,お」에 [t]를 붙여서 우리말의 [타,테,토]와 비슷한 발음의 「た,て,と」와, 우리말의 [치]에 가까운 발음인 「ち」, 우리말의 [츠]에 가까운 발음인 「つ」로 나뉜다. 처음에 나올 때는 우리말의 [ㅌ,ㅊ]에 가까운 발음이지만, 중간이나 끝에 오면 된소리로 변하여 우리말의 [ㄸ,ㅉ]와 비슷하게 발음한다.

たまご●달걀　ちち●아버지　つなみ●해일　てがみ●편지　とり●새

ひらがなを 覚えましょう　히라가나를 외워봅시다

清音 ·· 청음

な	に	ぬ	ね	の
na	ni	nu	ne	no

「あ,い,う,え,お」에 [n]을 붙인 발음으로 우리말의「나,니,누,네,노」와 비슷하다.「ぬ」는 우리말의 [누]와 [느]의 중간 발음이다.

なつ・여름　にほん・일본　ぬいぐるみ・봉제인형　ねこ・고양이　のり・김

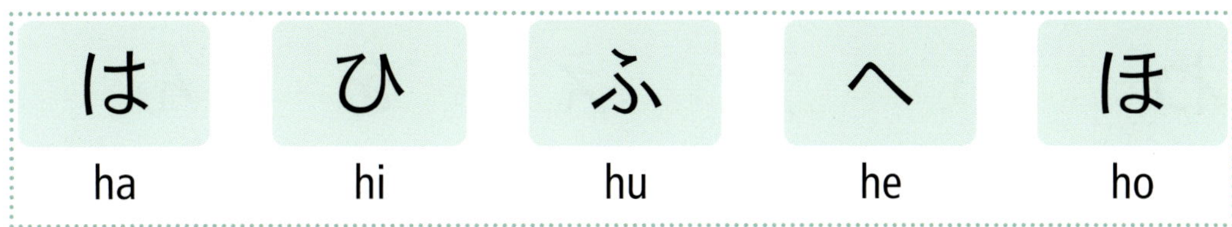

は	ひ	ふ	へ	ほ
ha	hi	hu	he	ho

「あ,い,う,え,お」에 [h]를 붙인 발음으로 우리말의「하,히,후,헤,호」와 비슷하다.

はな・꽃　ひみつ・비밀　ふゆ・겨울　へや・방　ほし・별

ま	み	む	め	も
ma	mi	mu	me	mo

「あ,い,う,え,お」에 [m]을 붙인 발음으로, 우리말의「마,미,무,메,모」와 비슷하다.

まんが・만화　みかん・귤　むし・벌레　めいし・명함　もち・떡

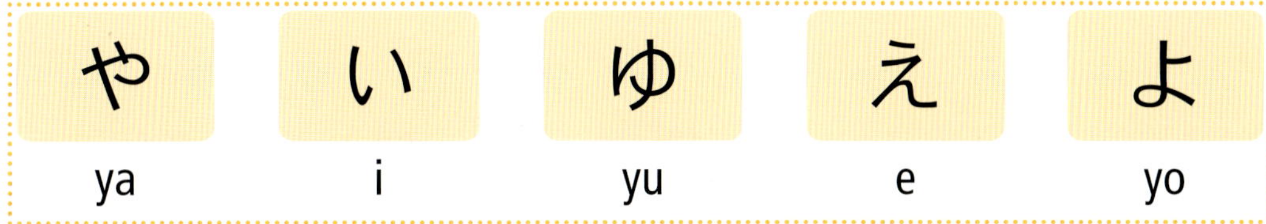

や	い	ゆ	え	よ
ya	i	yu	e	yo

「や,ゆ,よ」는 일본어의 반모음이며, 발음은 우리말의「야,유,요」와 비슷하다.

やま・산　ゆき・눈　よやく・예약

ひらがなを 覚えましょう 히라가나를 외워봅시다

清音 청음

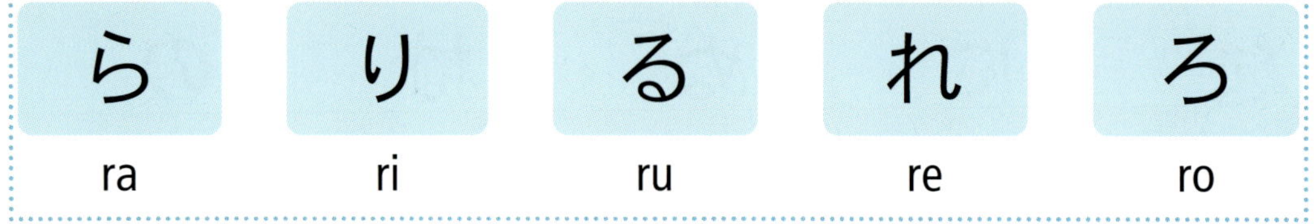

ら	り	る	れ	ろ
ra	ri	ru	re	ro

「あ,い,う,え,お」에 [r]를 붙인 발음으로, 우리말의「라,리,루,레,로」와 비슷하다.

らくだ 낙타　　りんご 사과　　るす 부재중　　れいぞうこ 냉장고　　ろじ 골목

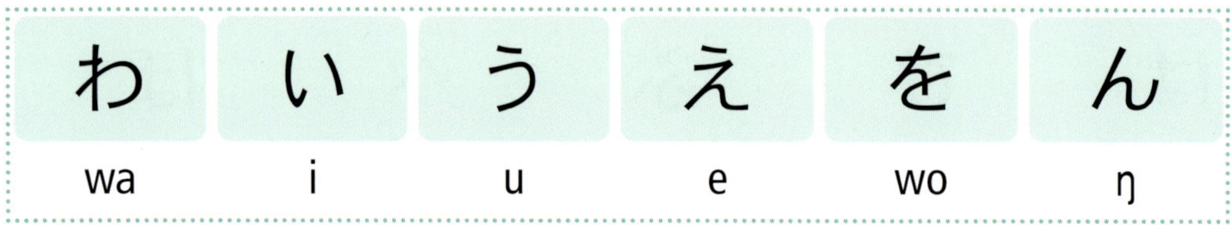

わ	い	う	え	を	ん
wa	i	u	e	wo	ŋ

「わ」는 일본어의 반모음이며, 발음은 우리말의 [와]와 같다.
「を」는 [~을/를]이라는 의미의 조사로 사용되며, 발음은「お」와 같다.
「ん」는 우리말의 받침역할을 한다.

わたし 나/저　　わくわく 두근두근　　にほん 일본

濁音 탁음

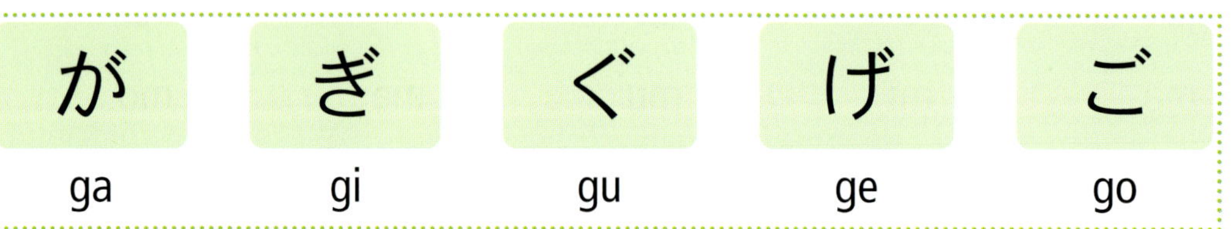

が	ぎ	ぐ	げ	ご
ga	gi	gu	ge	go

「が」행의 발음은 영어의 [g]와 같은 발음으로, 우리말의 [ㄱ]과는 다른 발음이므로 주의한다.

がか 화가　　ぎんこう 은행　　ぐるぐる 빙글빙글　　げんき 기운　　ごみ 쓰레기

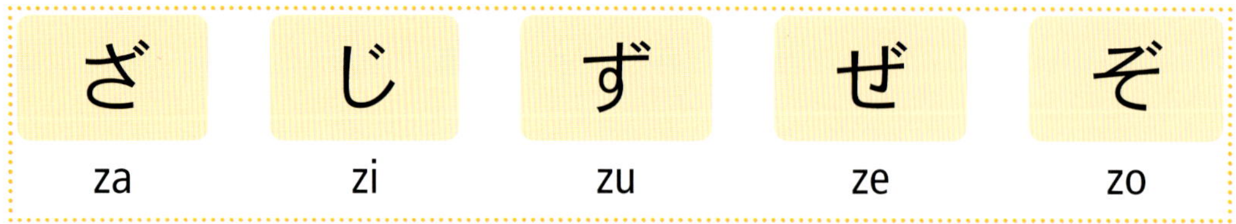

ざ	じ	ず	ぜ	ぞ
za	zi	zu	ze	zo

「ざ」행의 발음은 우리말에 없는 발음이므로 주의한다. 영어의 [z]발음과 같다.

ざる 소쿠리　　じかん 시간　　ずつう 두통　　ぜいたく 사치　　ぞう 코끼리

濁音 ………… 탁음

だ	ぢ	づ	で	ど
da	zi	zu	de	do

「だ」행의「だ」「で」「ど」의 발음은 영어의 [d]와 같은 발음이다.「ぢ」「づ」는「じ」「ず」와 발음이 같다.

だんだん●점점　はなぢ●코피　つづき●계속　でんわ●전화　どろ●진흙

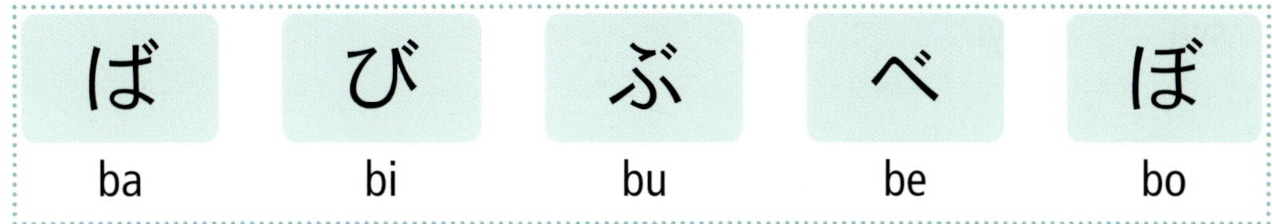

ば	び	ぶ	べ	ぼ
ba	bi	bu	be	bo

「ば」행의 발음은 영어의 [b]발음과 같다.

ばらばら●따로따로　びじん●미인　ぶた●돼지　べんとう●도시락　ぼうし●모자

半濁音 ………… 반탁음

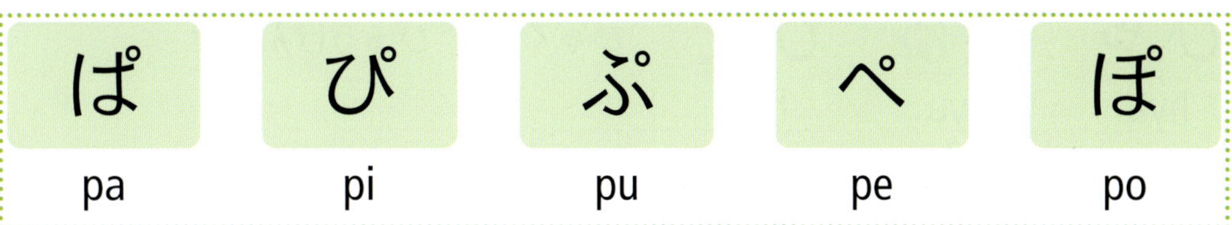

ぱ	ぴ	ぷ	ぺ	ぽ
pa	pi	pu	pe	po

「ぱ」행의 발음은 단어의 처음에 올 때는 영어의 [p]발음에 가까운 발음이고, 단어의 중간이나 뒤에 올 때는 우리말의 [ㅃ]에 가까운 발음이다.

ぱくぱく●덥석덥석　ぴかぴか●번쩍번쩍　ぷりぷり●만지면 튈 듯이 탄력있는 모양

ぺこぺこ●배가 몹시 고픈 모양　ぽろぽろ●방울방울

ひらがなを 覚えましょう　　히라가나를 외워봅시다

拗音 .... 요음

「い단」 글자에 작은 「や」「ゆ」「よ」를 결합시켜서 만든 글자를 요음이라고 한다.
글자는 두 개이지만, 한 박자의 음으로 발음한다.

きゃ kya	きゅ kyu	きょ kyo	きゃく●손님　きゅうり●오이　きょうかい●교회
しゃ sya	しゅ syu	しょ syo	しゃしん●사진　しゅみ●취미　しょくじ●식사
ちゃ cha	ちゅ chu	ちょ cho	ちゃわん●밥공기　ちゅうい●주의　ちょきん●저금
にゃ nya	にゅ nyu	にょ nyo	にゃあにゃあ●야옹야옹　にゅうがく●입학　にょうぼう●처
ひゃ hya	ひゅ hyu	ひょ hyo	ひゃく●백　ひょうげん●표현
みゃ mya	みゅ myu	みょ myo	みゃく●맥　みょうじ●성
りゃ rya	りゅ ryu	りょ ryo	りゃく●생략　りゅうがく●유학　りょこう●여행
ぎゃ gya	ぎゅ gyu	ぎょ gyo	ぎゃくてん●역전　ぎゅうにく●소고기　きんぎょ●금붕어

ひらがなを 覚えましょう　히라가나를 외워봅시다

拗音 .... 요음

じゃ zya　じゅ zyu　じょ zyo

じゃま●방해　じゅんび●준비　じょせい●여성

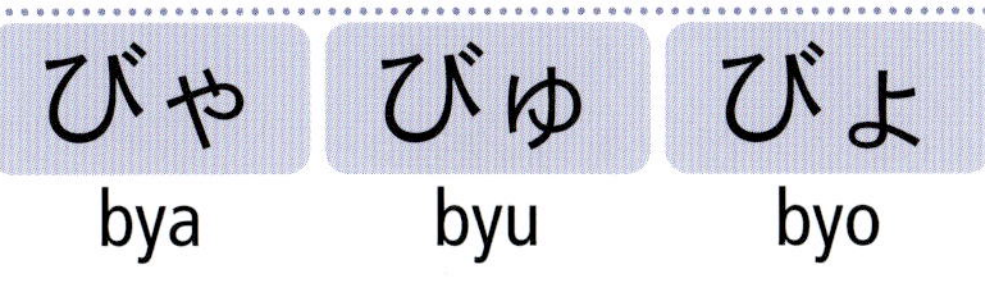

びゃ bya　びゅ byu　びょ byo

さんびゃく●삼백　びょういん●병원

びゅんびゅん●자동차 등이 빠르게 지나가는 모양

ぴゃ pya　ぴゅ pyu　ぴょ pyo

はっぴゃく●팔백

撥音 .... 발음

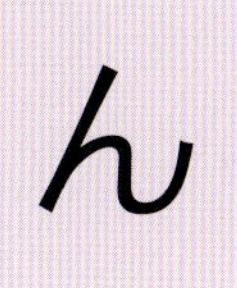

「ん」은 우리말의 받침과 같은 역할을 한다.
뒤에 오는 글자에 따라서 네 가지[ㄴ,ㅇ,ㅁ,ㄴ과 ㅇ의 중간음]으로 발음되며,
다른 글자와 마찬가지로 한 박자로 발음한다.

❶「ま」「ば」「ぱ」행의 앞에서는 [m]으로 발음한다.

さんま●꽁치　しんぶん●신문　さんぽ●산책　せんぱい●선배

❷「さ」「ざ」「た」「だ」「な」「ら」행의 앞에서는 [n]으로 발음한다.

せんせい●선생님　かんたん●간단　ほんだな●책장　おんな●여자

❸「か」「が」행의 앞에서는 [ŋ]으로 발음한다.

けんか●싸움　かんこく●한국　まんが●만화　にほんご●일본어

❹ 단어의 끝에 오거나,「あ」「は」「や」「わ」행의 앞에서는 [ŋ]과 [n]의 중간발음으로 [N]이 된다.

ほん●책　れんあい●연애　しんゆう●친한 친구　でんわ●전화

促音 ········ 촉음

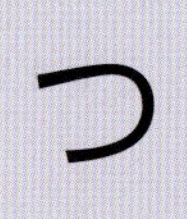

작은 「っ」는 다른 글자의 오른쪽 아래에 붙어서 우리말의 받침[ㄱ,ㅅ,ㄷ,ㅂ] 등과 같은 역할을 하는데 뒤에 오는 글자에 따라서 발음이 달라지며, 한 박자로 발음한다.

❶ 「か」 행의 앞에서는 [k]로 발음한다.

けっか ● 결과　いっかい ● 일층　せっけん ● 비누　はっきり ● 확실히

❷ 「さ」 행의 앞에서는 [s]로 발음한다.

あっさり ● 산뜻하게　けっせき ● 결석　いっさつ ● 한 권　こっそり ● 몰래

❸ 「た」 행의 앞에서는 [t]로 발음한다.

きって ● 우표　みっつ ● 셋　なっとう ● 낫또　ぴったり ● 착 달라 붙은 모습

❹ 「ぱ」 행의 앞에서는 [p]로 발음한다.

いっぱい ● 가득　しっぽ ● 꼬리　きっぷ ● 표　いっぴき ● 한 마리

長音 ········ 장음

같은 모음이 뒤에 올 때는 뒤의 글자의 발음은 생략되고 앞에 오는 글자를 길게 발음한다.

❶ 「あ」 단 글자 뒤에 「あ」 가 오면 장음으로 발음한다.

おかあさん ● 어머니　おばあさん ● 할머니　まあまあ ● 그럭저럭

❷ 「い」 단 글자 뒤에 「い」 가 오면 장음으로 발음한다..

おにいさん ● 형, 오빠　おじいさん ● 할아버지　いいえ ● 아니오

❸ 「う」 단 글자 뒤에 「う」 가 오면 장음으로 발음한다.

ゆうき ● 용기　すうじ ● 숫자　ふうふ ● 부부

❹ 「え」 단 글자 뒤에 「え」 또는 「い」 가 오면 장음으로 발음한다.

おねえさん ● 누나, 언니　せんせい ● 선생님　えいが ● 영화

❺ 「お」 단 글자 뒤에 「お」 또는 「う」 가 오면 장음으로 발음한다.

こおり ● 얼음　おとうさん ● 아버지　そうじ ● 청소

カタカナを覚えましょう　카타까나를 외워봅시다

 コーヒー 커피	 ビール 맥주	 ジュース 주스	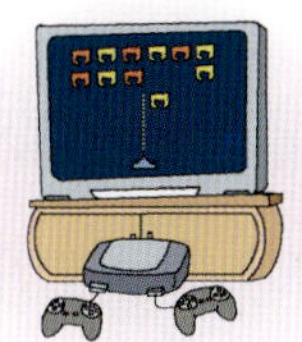 ゲーム 게임
 パソコン 컴퓨터	 シャツ 셔츠	 スポーツ 스포츠	 サッカー 축구
 タクシー 택시	 デパート 백화점	 レストラン 레스토랑	 トイレ 화장실
 ソウル 서울	 アメリカ 미국	 イギリス 영국	 フランス 프랑스

はじめまして。

처음 뵙겠습니다

ポイント

1. 인사말 익히기
2. はじめまして、鈴木(すずき)です。

はじめまして 처음 뵙겠습니다
鈴木(すずき) 일본사람의 성
～です ~입니다
パク 한국사람의 성
どうぞ よろしく お願(ねが)いします 아무쪼록 잘 부탁드립니다
こちらこそ 저야말로

Track 3

鈴木（すずき）：はじめまして、鈴木（すずき）です。

パク：はじめまして、パクです。

どうぞ よろしく お願（ねが）いします。

鈴木（すずき）：こちらこそ、どうぞ よろしく。

覚えましょう

さようなら

"さようなら"는 학교나 학원에서 헤어질 때 또는, 오랫동안 못 만날 때에 사용하며, 일반적으로 헤어질 때에는 "じゃ、また"를 사용한다. 또한, 친구사이에는 "じゃあね(またね、バイバイ)" 등을 사용한다.

외워봅시다

お元気(げんき)ですか。　はい、おかげさまで。

잘 지내세요?　네, 덕분에요

すみません。　いいえ。

죄송합니다　아니에요

いただきます。

잘 먹겠습니다

ごちそうさまでした。

잘 먹었습니다

いってきます。　いってらっしゃい。

다녀오겠습니다　잘 다녀오세요

ただいま。　お帰(かえ)りなさい。

다녀왔습니다　어서 돌아오세요

"すみません"과 "ごめんなさい"

"すみません"과 "ごめんなさい"는 모두 "미안합니다"라는 의미로 쓰이지만 "すみません"이 좀 더 정중한 느낌이다. 또한 친구들에게 "미안해"라고 할 때는 "ごめん" 이라고 쓰면 된다.

覚えましょう 외워봅시다

おつかれさまでした。

おつかれさま。

수고하셨습니다　　수고했어요

お休(やす)みなさい。

お休(やす)み。

안녕히 주무세요　　잘 자

どうぞ。

ありがとう ございます。

어서 들어가세요　　감사합니다

どうも。

どうぞ。

어서 앉으세요　　감사합니다

どうぞ

"どうぞ" 는 "어서~하세요"라는 의미로 상대방에게 어떤 일을 권할 때 쓰는 말이다. 동사를 몰라도 손동작을 이용해 다양한 표현을 할 수 있는 아주 유용한 말이므로 꼭 알아두자!!

Track 4

話してみましょう 말해봅시다

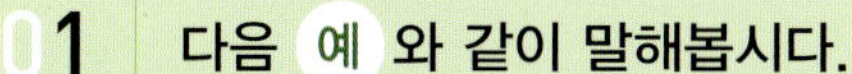

01 다음 예 와 같이 말해봅시다.

おはよう
ございます。

おはよう
ございます。

________。

いいえ。

❷ どうも、
ありがとうございます。

____
________。

________。

はい、
おかげさまで。

❹ はじめまして。
____
________。

こちらこそ、
どうぞ よろしく。

❺

いってきます。

________。

Track 5

聞いてみましょう 들어봅시다

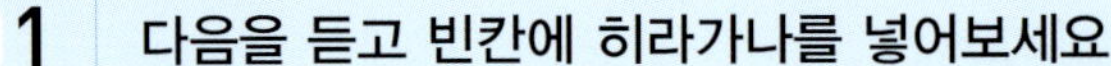

01 다음을 듣고 빈칸에 히라가나를 넣어보세요

❶ ＿＿＿＿、すずきです。

❷ どうぞ よろしく ＿＿＿＿。

❸ ＿＿＿＿、どうぞ よろしく。

02 다음을 듣고 서로 어울리는 것을 연결하세요.

예 

1 

2 

3 

4 

❶ おかえりなさい

❷ おはようございます

❸ いいえ、どういたしまして

❹ はい、おかげさまで

❺ いってらっしゃい

일본사람과 명함을 주고 받을 때는?

명함을 건넬 때 예절은 한국이나 일본이나 거의 같다.

하지만 우리가 무심코 한 행동이 상대에게 실례가 될 수 있으므로 주의하자!

일본에서는…

명함을 건넬 때 반드시 명함집 위에 명함을 겹쳐 놓고 정중하게 고개를 숙여 인사를 하고 나서

「はじめまして、○○社(しゃ)の□□です。どうぞよろしくお願(ねが)いします。」

라고 회사명과 이름을 말하면서 건네준다.

또한, 명함을 받을 때는

「ありがとうございます。」

라고 말하고 나서 명함을 보면서

「○○社(しゃ)の□□様(さま)ですね。」

라고 확인한다.

일본사람 이름은 대부분 한자이기 때문에 한자를 못읽을 경우 상대방에게 반드시 확인한다.

또한 받은 명함은 허리에서 아래로 내려서는 안되며, 상대의 이름도 외우지 않고 바로 넣어버리는 것은 실례가 되므로 이름을 외울 때까지는 테이블 위에 놓아두자.

상대방이 명함을 주지 않을 때 「명함 없으세요?」라고 묻는 것은 결례이므로 주의하자!!

02

お仕事(しごと)は 何(なん)ですか。

직업은 무엇입니까?

ポイント

1. 명사 익히기
2. 私(わたし)は 会社員(かいしゃいん)です。
3. あなたは 韓国人(かんこくじん)ですか。
4. いいえ、 韓国人(かんこくじん)じゃ(では)ありません。

～さん ● ～씨	こちら ● 이쪽	～は ● ～은/는	山田(やまだ) ● 일본사람의 성
はじめまして ● 처음 뵙겠습니다	～の ● ～의	お仕事(しごと) ● 직업	何(なん)ですか ● 무엇입니까?
会社員(かいしゃいん) ● 회사원	～も ● ～도	学生(がくせい) ● 학생	

Track 6

鈴木(すずき)：パクさん、こちらは 山田(やまだ)さんです。

パク：はじめまして、パクです。

山田(やまだ)：はじめまして、山田(やまだ)です。

パクさんの お仕事(しごと)は 何(なん)ですか。

パク：会社員(かいしゃいん)です。山田(やまだ)さんも 会社員(かいしゃいん)ですか。

山田(やまだ)：いいえ、会社員(かんしゃいん)じゃありません。学生(がくせい)です。

覚えましょう

01 ～は ～です。　～은/는 ～입니다

私(わたし)は 会社員(かいしゃいん)です。　저는 회사원입니다

田中(たなか)さんは 銀行員(ぎんこういん)です。　다나까씨는 은행원입니다

佐藤(さとう)さんは 先生(せんせい)です。　사또씨는 선생님입니다

02 ～は ～ですか。　～은/는 ～입니까?

中村(なかむら)さんは 医者(いしゃ)ですか。　나까무라씨는 의사입니까?

あなたは 韓国人(かんこくじん)ですか。　당신은 한국인입니까?

あなたは 佐藤(さとう)さんですか。　당신은 사또씨입니까?

일본어에서는 문장의 끝에 [か]가 오는 의문문에 물음표[?]를 넣지 않는다.

03 はい、～です。　예, ～입니다

はい、医者(いしゃ)です。　예, 의사입니다

はい、韓国人(かんこくじん)です。　예, 한국인입니다

はい、佐藤(さとう)です。　예, 사또입니다

04 いいえ、～じゃ (では)ありません。　아니오, ～이/가 아닙니다

いいえ、医者(いしゃ)じゃ(では)ありません。　아니오, 의사가 아닙니다

いいえ、韓国人(かんこくじん)じゃ(では)ありません。　아니오, 한국인이 아닙니다

中国人(ちゅうごくじん)です。　중국인입니다

いいえ、佐藤(さとう)じゃ(では)ありません。　아니오, 사또가 아닙니다

鈴木(すずき)です。　스즈끼입니다

[では]와 [じゃ]는 같은 의미이지만, [では] 쪽이 좀 더 정중한 느낌으로 사용된다.
회화에서는 [じゃ] 쪽을 많이 사용한다.

외워봅시다

05 ～も ～ですか。 ～도 ～입니까?

田中(たなか)さんも 医者(いしゃ)ですか。	다나까씨도 의사입니까?
あなたも 韓国人(かんこくじん)ですか。	당신도 한국인입니까?
佐藤(さとう)さんも 学生(がくせい)ですか。	사또씨도 학생입니까?

06 ～さん ～씨

田中(たなか)さんは 銀行員(ぎんこういん)です。	다나까씨는 은행원입니다
佐藤(さとう)さんは 会社員(かいしゃいん)です。	사또씨는 회사원입니다
山田(やまだ)さんは 学生(がくせい)です。	야마다씨는 학생입니다

07 인칭대명사

1인칭	わたし	저/나
2인칭	あなた	당신/너
3인칭	かれ/かのじょ	그/그녀
부정칭	だれ/どなた	누구/어느 분

상대방의 이름을 모를 때는 [あなた]를 사용하는 경우도 있지만 손윗사람에게 사용하면 실례가 되므로 주의한다.

私(わたし) 저/나	会社員(かいしゃいん) 회사원	田中(たなか) 일본사람의 성
銀行員(ぎんこういん) 은행원	佐藤(さとう) 일본사람의 성	先生(せんせい) 선생
中村(なかむら) 일본사람의 성	医者(いしゃ) 의사	あなた 당신/너
韓国人(かんこくじん) 한국인	中国人(ちゅうごくじん) 중국인	鈴木(すずき) 일본사람의 성
学生(がくせい) 학생	山田(やまだ) 일본사람의 성	

Track 7

話してみましょう

01 다음 예 와 같이 밑줄 친 부분을 바꾸어서 말해봅시다.

学生

예 A：学生(がくせい)？

B：うん、学生(がくせい)。

ううん、学生(がくせい)じゃない。

예문해석

A : 학생이니?
B : 응, 학생이야.
아니, 학생이 아니야.

A : 학생입니까?
B : 예, 학생입니다.
아니오, 학생이 아닙니다.

예 A：学生(がくせい)ですか。

B：はい、学生(がくせい)です。

いいえ、学生(がくせい)じゃないです。

いいえ、学生(がくせい)じゃありません。

❶ 会社員(かいしゃいん)

❷ 先生(せんせい)

❸ 韓国人(かんこくじん)

❹ 日本人(にほんじん)

보통형

명사 + だ	~이다
명사 + じゃ(では)ない	~이/가 아니다

정중형

명사 + です	~입니다
명사 + じゃ(では)ないです	~이/가 아닙니다
명사 + じゃ(では)ありません	

02 다음 예 와 같이 말해봅시다.

예 あなた / 学生(がくせい) / 会社員(かいしゃいん)

A：あなたは 学生(がくせい)ですか。

B：はい、学生(がくせい)です。

いいえ、学生(がくせい)じゃありません。会社員(かいしゃいん)です。

1. あなた / 会社員(かいしゃいん) / 医者(いしゃ)

2. あなた / 先生(せんせい) / 銀行員(ぎんこういん)

3. あなた / 日本人(にほんじん) / 韓国人(かんこくじん)

4. あなた / 中国人(ちゅうごくじん) / 日本人(にほんじん)

5. あなた / アメリカ人(じん) / フランス人(じん)

学生(がくせい) 학생　　会社員(かいしゃいん) 회사원　　先生(せんせい) 선생

韓国人(かんこくじん) 한국인　　日本人(にほんじん) 일본인　　あなた 당신/너

医者(いしゃ) 의사　　銀行員(ぎんこういん) 은행원　　中国人(ちゅうごくじん) 중국인

アメリカ人(じん) 미국인　　フランス人(じん) 프랑스인

Track 8

聞いてみましょう 들어봅시다

01 다음을 듣고 빈칸에 히라가나를 넣어보세요

❶ わたしは ________ です。

❷ あなたは ________ ですか。

❸ ________ は にほんじん ________ 。

02 다음을 듣고 서로 어울리는 것을 연결하세요.

예 キムさん ❶

1 田中(たなか)さん ❷

2 佐藤(さとう)さん ❸

3 パクさん ❹

4 中村(なかむら)さん ❺

お仕事(しごと)は 何(なん)ですか。　직업은 무엇입니까?

会社員(かいしゃいん)
회사원

学生(がくせい)
학생

銀行員(ぎんこういん)
은행원

教授(きょうじゅ)
교수

医者(いしゃ)
의사

看護師(かんごし)
간호사

公務員(こうむいん)
공무원

主婦(しゅふ)
주부

スチュワーデス
스튜어디스

エンジニア
엔지니어

フリーター
아르바이트 등으로 생활하는 사람

デザイナー
디자이너

お国(くに)は どこですか。　어느 나라 사람이세요?

韓国(かんこく)(人(じん))
한국(인)

日本(にほん)(人(じん))
일본(인)

中国(ちゅうごく)(人(じん))
중국(인)

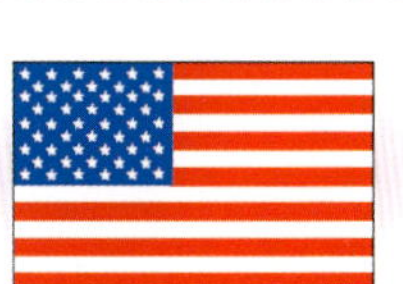
アメリカ(人(じん))
미국(인)

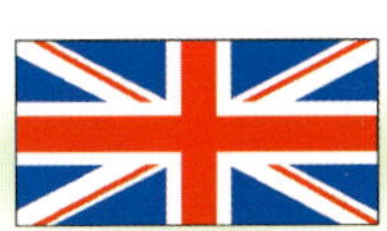
イギリス(人(じん))
영국(인)

ドイツ(人(じん))
독일(인)

フランス(人(じん))
프랑스(인)

ロシア(人(じん))
러시아(인)

각 나라이름에 [人(じん)]을 붙이면 그 나라 사람을 나타내고, [語(ご)]를 붙이면 그 나라의 언어를 나타낼 수 있다.
단, [アメリカ]와 [イギリス]는 [英語(えいご)]를 사용한다.

03

それは 何(なん)ですか。

그것은 무엇입니까?

ポイント

1. 지시어 익히기
2. これは 新聞(しんぶん)です。
3. それは 何(なん)ですか。
4. あの ケータイは 先生(せんせい)のです。

それ ● 그것	何(なん)ですか ● 무엇입니까	これ ● 이것
ケータイ(携帯電話(けいたいでんわ)) ● 핸드폰	～の ● ～의, ～의 것	私(わたし) ● 나
佐藤(さとう) ● 일본사람의 성		

Track 9

鈴木(すずき)：それは 何(なん)ですか。

パク：これは ケータイです。

鈴木(すずき)：パクさんの ケータイですか。

パク：いいえ、私(わたし)の ケータイじゃありません。

佐藤(さとう)さんのです。

覚えましょう

01 지시어

이것	그것	저것	어느 것
これ	それ	あれ	どれ

02 ～は ～です。 ～은/는 ～입니다

これは 新聞(しんぶん)です。	이것은 신문입니다
それは かばんです。	그것은 가방입니다
あれは 傘(かさ)です。	저것은 우산입니다

03 ～は ～ですか。 ～은/는～입니까?

これは 財布(さいふ)ですか。	이것은 지갑입니까?
それは ケータイですか。	그것은 핸드폰입니까?
あれは 雑誌(ざっし)ですか。	저것은 잡지입니까?

04 はい、～です。 예,～입니다

はい、(それは) 財布(さいふ)です。	네,(그것은) 지갑입니다
はい、(これは) ケータイです。	네, (이것은) 핸드폰입니다
はい、(あれは) 雑誌(ざっし)です。	네, (저것은) 잡지입니다

05 いいえ、～じゃ (では)ありません。 아니오,～이/가 아닙니다

いいえ、(それは) 財布(さいふ)じゃありません。	아니오, (그것은) 지갑이 아닙니다
いいえ、(これは) ケータイじゃありません。	아니오, (이것은) 핸드폰이 아닙니다
時計(とけい)です。	시계입니다
いいえ、(あれは) 雑誌(ざっし)じゃありません。	아니오, (저것은) 잡지가 아닙니다
新聞(しんぶん)です。	신문입니다

외워봅시다

06 ～は 何(なん)ですか。 ～은/는 ～무엇입니까?

これは 何(なん)ですか。 이것은 무엇입니까?

それは いすです。 그것은 의자입니다

それは 何(なん)ですか。 그것은 무엇입니까?

これは 時計(とけい)です。 이것은 시계입니다

あれは 何(なん)ですか。 저것은 무엇입니까?

あれは 電話(でんわ)です。 저것은 전화입니다

07 ～の ❶명사와 명사 사이 ❷～의 ❸～의 것

❶ これは 日本(にほん)の 本(ほん)です。 이것은 일본 책입니다

それは 韓国(かんこく)の 新聞(しんぶん)です。 그것은 한국 신문입니다

❷ それは 佐藤(さとう)さんの 本(ほん)です。 그것은 사토씨의 책입니다

あれは あなたの 財布(さいふ)ですか。 저것은 당신의 지갑입니까?

❸ あれは 私(わたし)のです。 저것은 내 것입니다

これは 先生(せんせい)のです。 이것은 선생님 것입니다

일본어에서는 명사와 명사 사이에는 반드시 [の]를 넣는데, 고유 명사의 경우는 넣지 않는다.

예 ソウルの 大学(だいがく) 서울에 있는 대학

ソウル大学(だいがく) 서울 대학

新聞(しんぶん) 신문	かばん 가방	傘(かさ) 우산	財布(さいふ) 지갑
ケータイ 핸드폰	雑誌(ざっし) 잡지	時計(とけい) 시계	いす 의자
電話(でんわ) 전화	日本(にほん) 일본	本(ほん) 책	韓国(かんこく) 한국
私(わたし) 저/나	ソウル 서울	大学(だいがく) 대학	

Track 10

話してみましょう

01 다음 예 와 같이 말해봅시다.

예 これ / かばん

A：これは かばんですか。

B：はい、（それは）かばんです。

いいえ、（それは）かばんじゃありません。

❶ これ / 本(ほん)

❷ それ / 電話(でんわ)

❸ あれ / 新聞(しんぶん)

❹ これ / ケータイ

❺ それ / 時計(とけい)

❻ あれ / 傘(かさ)

말해봅시다

02 다음 예 와 같이 말해봅시다.

예 これ / 本(ほん) / 先生(せんせい)

A：これは あなたの 本(ほん)ですか。

B：はい、私(わたし)の 本(ほん)です。

いいえ、私(わたし)の 本(ほん)じゃありません。 先生(せんせい)のです。

❶ これ / 時計(とけい) / キムさん

❷ それ / ケータイ / パクさん

❸ それ / 雑誌(ざっし) / 先生(せんせい)

❹ あれ / 財布(さいふ) / 鈴木(すずき)さん

❺ あれ / 傘(かさ) / 佐藤(さとう)さん

これ 이것

それ 그것

新聞(しんぶん) 신문

傘(かさ) 우산

雑誌(ざっし) 잡지

かばん 가방

電話(でんわ) 전화

ケータイ 핸드폰

～の ～의, ～의 것

財布(さいふ) 지갑

本(ほん) 책

あれ 저것

時計(とけい) 시계

私(わたし) 저/나

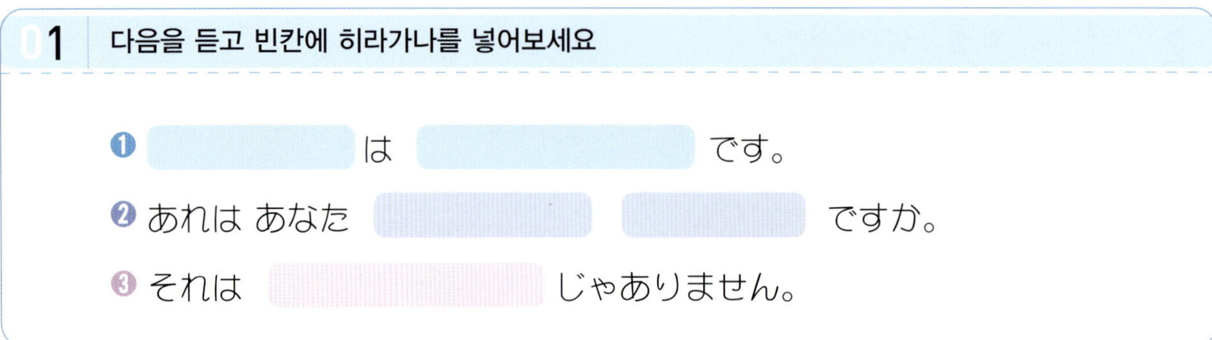

聞いてみましょう 들어봅시다

01 다음을 듣고 빈칸에 히라가나를 넣어보세요

❶ ＿＿＿ は ＿＿＿ です。

❷ あれは あなた ＿＿＿ ＿＿＿ ですか。

❸ それは ＿＿＿ じゃありません。

02 다음을 듣고 서로 어울리는 것을 연결하세요.

예		❶ 先生(せんせい)
1		❷ 私(わたし)
2		❸ 佐藤(さとう)さん
3		❹ 中村(なかむら)さん
4		❺ キムさん

행운을 부르는 것들

마네키네코 (招き猫)

상점의 쇼윈도나 술집의 카운터 등에 놓여져 있는 인형 장식물로 손님을 부르는 것처럼 한 손을 들고 있는데 오른손을 들면 금전, 왼손을 들면 손님을 부른다고 한다. 요즘은 욕심 많은 사람들을 위해 두 손을 들고 있는 마네키네코도 등장했다.

또한 색상에 따라서 효력이 달라서 흰색 마네키네코는 복을 부르고 검은 색은 마귀를 퇴치하고, 붉은 색은 병을 예방, 금색은 금전운을 부른다고한다.

다루마 (達磨)

다루마는 남인도에서 태어나 중국으로 건너간 달마대사가 좌선하는 모습을 표현한 인형으로 9년 동안이나 돌 위에서 좌선을 한 달마는 발이 퇴화하여 걸을 수 없게 되었다고 한다. 그래서 이 인형도 발이 없는 오뚜기 모양이다. 몇 번을 넘어져도 다시 일어나는 오뚜기는 인내와 노력의 상징이므로 상점의 번창 이외에도 선거, 수험에서도 크게 이용되고 있다. 보통 눈은 하얗고, 소원을 빌면서 왼쪽 눈동자를 그리고 소원이 이루어지면 오른쪽 눈동자를 그려 넣는다.

구마데 (熊手)

원래는 농기구, 청소용구로서 물건을 쓸어모으는 도구였으나 칠복신, 오타후쿠 등 행운을 상징하는 것들로 장식한 구마데는 복을 끌어모으는 경사스러운 물건으로 일반화되었다. 다음 해엔 더 큰 복을 끌어 모으기 위해 해를 거듭할수록 더 큰 것을 사는 것이 좋다고 한다.

사진제공 : 일본 국제 관광 진흥회 서울사무소

今(いま)、何時(なんじ)ですか。

지금 몇 시입니까?

ポイント

1. 숫자 익히기
2. 시간, 분 말하기
3. 銀行(ぎんこう)は 9時(じ)から 4時半(じはん)までです。

今(いま) 지금
何時(なんじ) 몇 시
デパート 백화점
~から ~부터/에서
午前(ごぜん) 오전
半(はん) 반
~まで ~까지
午後(ごご) 오후

Track 12

鈴木(すずき)：パクさん、今(いま)、何時(なんじ)ですか。

パク：9時(じ)です。

鈴木(すずき)：デパートは 何時(なんじ)からですか。

パク：午前(ごぜん) 10時(じ) 半(はん)からです。

鈴木(すずき)：何時(なんじ)までですか。

パク：午後(ごご) 8時(じ)までです。

覚えましょう

01 숫자 읽기

0	ゼロ / れい		
1	いち	10	じゅう
2	に	20	にじゅう
3	さん	30	さんじゅう
4	よん / し	40	よんじゅう
5	ご	50	ごじゅう
6	ろく	60	ろくじゅう
7	なな / しち	70	ななじゅう
8	はち	80	はちじゅう
9	きゅう / く	90	きゅうじゅう

02 何時(なんじ)ですか。 몇 시입니까?

1時	いちじ	7時	しちじ
2時	にじ	8時	はちじ
3時	さんじ	9時	くじ
4時	よじ	10時	じゅうじ
5時	ごじ	11時	じゅういちじ
6時	ろくじ	12時	じゅうにじ

03 何分(なんぷん)ですか。 몇 분입니까?

5分	ごふん	10分	じ(ゅ)っぷん
15分	じゅうごふん	20分	にじ(ゅ)っぷん
25分	にじゅうごふん	30分	さんじ(ゅ)っぷん
35分	さんじゅうごふん	40分	よんじ(ゅ)っぷん
45分	よんじゅうごふん	50分	ごじ(ゅ)っぷん
55分	ごじゅうごふん	60分	ろくじ(ゅ)っぷん

04 ～から ～まで　～부터(에서) ～까지

ソウルから 東京(とうきょう)までです。　서울에서 동경까지입니다

銀行(ぎんこう)は 9時(じ)から 4時半(じはん)までです。　은행은 9시부터 4시 반까지입니다

アルバイトは 午後(ごご) 7時(じ)から 夜(よる) 10時(じ)までです。　아르바이트는 오후 7시부터 밤 10시까지입니다

05 1분 단위 읽기

1分	いっぷん	11分	じゅういっぷん
2分	にふん	12分	じゅうにふん
3分	さんぷん	13分	じゅうさんぷん
4分	よんぷん	14分	じゅうよんぷん
5分	ごふん	15分	じゅうごふん
6分	ろっぷん	16分	じゅうろっぷん
7分	ななふん	17分	じゅうななふん
8分	はちふん/はっぷん	18分	じゅうはっぷん
9分	きゅうふん	19分	じゅうきゅうふん
10分	じ(ゅ)っぷん	20分	にじ(ゅ)っぷん

[분]은 일본어로는 [ふん] 또는 [ぷん]으로 읽는다.
숫자 [1, 6, 8, 10]과 [분]이 만나면 숫자의 끝 글자가 [촉음(っ)]으로 바뀌고 [ぷん]으로 발음된다.

何時(なんじ) 몇 시　何分(なんぷん) 몇 분　銀行(ぎんこう) 은행　半(はん) 반　ソウル 서울
東京(とうきょう) 동경　アルバイト 아르바이트　午後(ごご) 오후　夜(よる) 밤

Track 13

話してみましょう

01 다음 예 와 같이 밑줄 친 부분을 바꾸어서 말해봅시다.

今(いま)、何時(なんじ)ですか。

2時(じ)です。

예  2:00 にじ

❶  7:00

❷  4:00

❸  8:30

❹  5:25

❺  9:40

❻  1:35

❼  12:05

❽  6:10

❾  10:20

❿ 4:45

말해봅시다

02 다음 예 와 같이 말해봅시다.

예 デパート / 10：30～8：00

A：デパートは 何時(なんじ)から 何時(なんじ)までですか。

B：じゅうじ さんじゅっぷん から はちじ までです。

❶ 会社(かいしゃ) / 9：00～6：00

❷ 昼休(ひるやす)み / 12：00～1：00

❸ テスト / 11：00～2：00

❹ 銀行(ぎんこう)/ 9：30～4：30

今(いま) 지금	何時(なんじ) 몇 시	デパート 백화점
～から ～부터/에서	～まで ～까지	会社(かいしゃ) 회사
昼休(ひるやす)み 점심시간	テスト 테스트	銀行(ぎんこう) 은행

Track 14

聞いてみましょう 들어봅시다

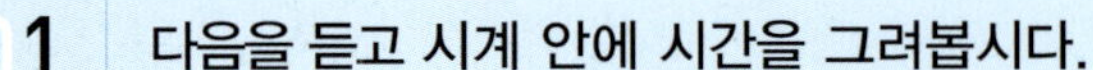

01 다음을 듣고 시계 안에 시간을 그려봅시다.

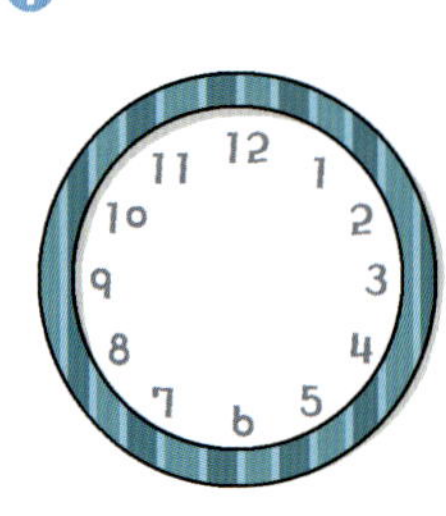

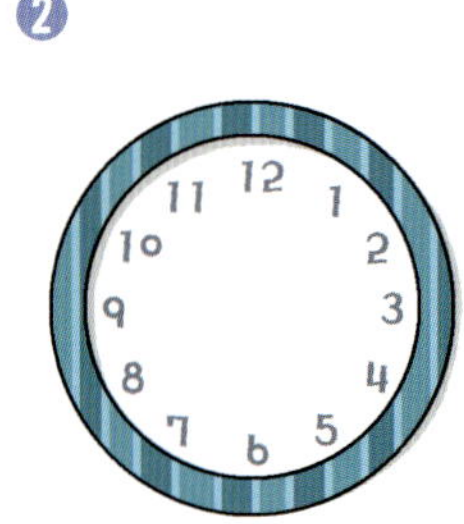

❸

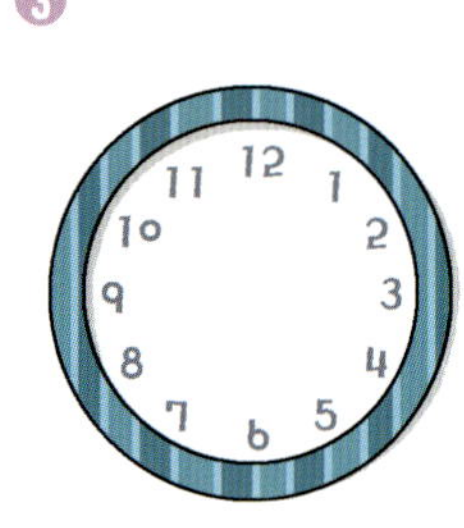

02 다음을 듣고 해당하는 그림을 고르세요.

9 : 00～6 : 00

❶

______ ～ ______

❷

______ ～ ______

❸

______ ～ ______

일본의 어린이날

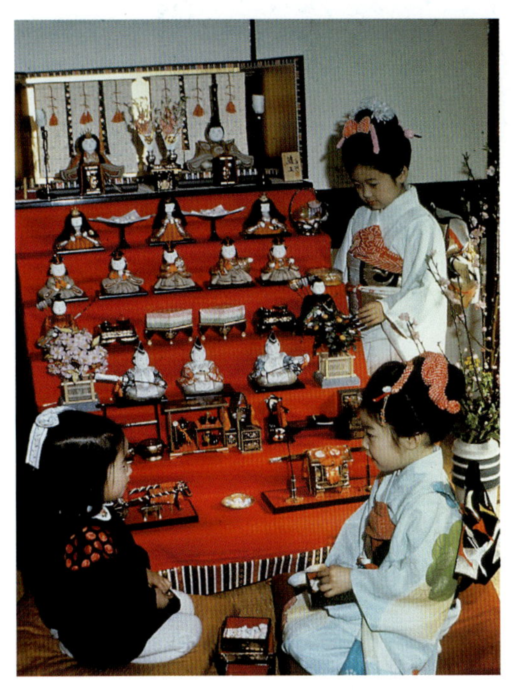

히나마쯔리 (ひなまつり)

3월 3일에 여자아이가 건강하게 자라서, 행복한 결혼을 할 수 있도록 기원하는 행사이다.

층층으로 된 빨간 히나단(ひな壇)에 고대황실 모습의 히나인형 (ひな人形)을 장식하고 히나마쯔리를 축하하기 위해 만들어진 백주(白酒)를 마신다.

원래는 인형에 신체의 더러움을 옮겨 바다나 강에 띄워보냄으로 재앙을 씻어내는 행사에서 유래되었다.

3월 3일이 지난 후에 빨리 히나인형을 치우지 않으면 결혼이 늦어진다는 얘기가 있다.

고이 노보리 (鯉のぼり)

단오는 5월 5일에 남자아이가 건강하게 자라는 것을 축하하고 기원하는 행사이다.

집안에는 갑옷, 투구, 칼 등과 무사인형을 단위에 장식하고, 밖에는 높은 막대기에 천으로 만든 잉어모양의 고이 노보리(鯉のぼり)를 다는 것이 전통적인 풍습이다.

갑옷과 투구는 신체를 보호하는 의미가 담겨 있고, 고이 노보리를 다는 풍습은 성장해서 입신출세를 기원하는 의미이다.

사진제공 : 일본 국제 관광 진흥회 서울사무소

05

漢字(かんじ)は 難(むずか)しくありませんか。

한자는 어렵지 않습니까?

ポイント

1. い형용사 익히기
2. きょうは 寒(さむ)いです。
3. いいえ、 高(たか)くありません。
4. 日本語(にほんご)は 難(むずか)しいですが、 おもしろいです。

日本語(にほんご) 일본어	勉強(べんきょう) 공부	どうですか 어떻습니까?	少(すこ)し 조금
難(むずか)しい 어렵다	おもしろい 재미있다	漢字(かんじ) 한자	そうですね 그래요
とても 매우	～ね ～군요/네요		

Track 15

鈴木(すずき)：パクさん、日本語(にほんご)の 勉強(べんきょう)は どうですか。

パク：少(すこ)し 難(むずか)しいですが、おもしろいです。

鈴木(すずき)：漢字(かんじ)は 難(むずか)しくありませんか。

パク：そうですね。とても 難(むずか)しいですね。

覚えましょう

01 기본형 ～하다

日本語(にほんご)は 易(やさ)しい。	일본어는 쉽다
きょうは 寒(さむ)い。	오늘은 춥다
まんがは おもしろい。	만화는 재미있다

02 기본형 + です。 ～합니다

日本語(にほんご)は 易(やさ)しいです。	일본어는 쉽습니다
きょうは 寒(さむ)いです。	오늘은 춥습니다
まんがは おもしろいです。	만화는 재미있습니다

03 기본형 + ですか。 ～합니까?

ケータイは 高(たか)いですか。	핸드폰은 비쌉니까?
英語(えいご)は 難(むずか)しいですか。	영어는 어렵습니까?
会社(かいしゃ)は 近(ちか)いですか。	회사는 가깝습니까?

04 はい、기본형 + です。 예, ～합니다

はい、高(たか)いです。	예, 비쌉니다
はい、難(むずか)しいです。	예, 어렵습니다
はい、近(ちか)いです。	예, 가깝습니다

외워봅시다

05 いいえ、어간+くありません。 아니오,~하지 않습니다

いいえ、高(たか)くありません。 아니오. 비싸지 않습니다

いいえ、難(むずか)しくありません。易(やさ)しいです。 아니오. 어렵지 않습니다. 쉽습니다

いいえ、近(ちか)くありません。遠(とお)いです。 아니오. 가깝지 않습니다. 멉니다

06 ~が ❶ ~이/가 ❷ ~다만/지만

❶ きょうは 天気(てんき)が いいです。 오늘은 날씨가 좋습니다

山田(やまだ)さんは 背(せ)が 高(たか)いです。 야마다씨는 키가 큽니다

❷ すしは 高(たか)いですが、おいしいです。 초밥은 비싸지만 맛있습니다

日本語(にほんご)は 難(むずか)しいですが、おもしろいです。 일본어는 어렵지만 재미있습니다

07 ~ね。 ~군요/네요

상대방의 말에 동의하거나 감탄할 때 쓰는 표현으로 문장 끝에 붙여서 사용한다.

日本語(にほんご) ● 일본어	易(やさ)しい ● 쉽다	きょう ● 오늘
寒(さむ)い ● 춥다	まんが ● 만화	おもしろい ● 재미있다
ケータイ ● 핸드폰	高(たか)い ● 비싸다/높다	英語(えいご) ● 영어
難(むずか)しい ● 어렵다	会社(かいしゃ) ● 회사	近(ちか)い ● 가깝다
遠(とお)い ● 멀다	天気(てんき) ● 날씨	いい ● 좋다
背(せ) ● 키	すし ● 초밥	おいしい ● 맛있다

Track 16

話してみましょう

01 다음 예 와 같이 밑줄 친 부분을 바꾸어서 말해봅시다.

暑(あつ)い

예 A : 暑(あつ)い？

B : うん、暑(あつ)い。

ううん、暑(あつ)くない。

예 A : 暑(あつ)いですか。

B : はい、暑(あつ)いです。

いいえ、暑(あつ)くないです。

いいえ、暑(あつ)くありません。

예문해석

A : 덥니?
B : 응, 더워
아니, 안 더워

A : 덥습니까?
B : 예, 덥습니다.
아니오, 덥지 않습니다.

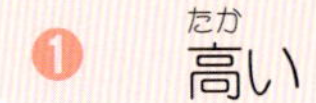

❶ 高(たか)い

❷ おもしろい

❸ かわいい

❹ 忙(いそが)しい

보통형

기본형	~하다
어간 + くない	~하지 않다

정중형

기본형 + です	~합니다
어간 + くないです	~하지 않습니다
어간 + くありません	

말해봅시다

02 다음 예 와 같이 말해봅시다..

예 ケータイ / 安(やす)い / 高(たか)い

A：ケータイは 安(やす)いですか。

B：はい、 安(やす)いです。

いいえ、安(やす)くありません。 高(たか)いです。

❶ 会社(かいしゃ) / 近(ちか)い / 遠(とお)い

❷ 日本語(にほんご) / 難(むずか)しい / 易(やさ)しい

❸ 韓国料理(かんこくりょうり) / おいしい / 辛(から)い

❹ 友(とも)だちが 多(おお)い / 少(すく)ない

❺ 天気(てんき)が いい / 悪(わる)い

暑(あつ)い 덥다 / 高(たか)い 비싸다 / おもしろい 재미있다 / かわいい 귀엽다

忙(いそが)しい 바쁘다 / 安(やす)い 싸다 / 近(ちか)い 가깝다 / 遠(とお)い 멀다

日本語(にほんご) 일본어 / 難(むずか)しい 어렵다 / 易(やさ)しい 쉽다 / 韓国料理(かんこくりょうり) 한국요리

おいしい 맛있다 / 辛(から)い 맵다 / 友(とも)だち 친구 / ～が ～이/가

多(おお)い 많다 / 少(すく)ない 적다 / 天気(てんき) 날씨 / いい 좋다 / 悪(わる)い 나쁘다

Track 17

聞いてみましょう 들어봅시다

01 다음을 듣고 빈칸에 히라가나를 넣어보세요.

❶ ＿＿＿＿ は ＿＿＿＿ です。

❷ にほん ＿＿＿＿ は からいですか。

❸ ともだちが ＿＿＿＿ ありません。

02 다음을 듣고 해당하는 그림을 고르세요.

い 형용사

暑(あつ)い 덥다	寒(さむ)い 춥다	高(たか)い 비싸다	安(やす)い 싸다
近(ちか)い 가깝다	遠(とお)い 멀다	大(おお)きい 크다	小(ちい)さい 작다
難(むずか)しい 어렵다	易(やさ)しい 쉽다	新(あたら)しい 새롭다	古(ふる)い 낡다
悪(わる)い 나쁘다	いい / よい 좋다	多(おお)い 많다	おいしい 맛있다
辛(から)い 맵다	かわいい 귀엽다	おもしろい 재미있다	忙(いそが)しい 바쁘다

06

きょうは いい天気(てんき)ですね。

오늘은 좋은 날씨네요

ポイント

1. 大(おお)きい かばんです。
2. 安(やす)くて いい 車(くるま)です。
3. あの デパートは どうですか。

きょう ● 오늘	いい ● 좋다	天気(てんき) ● 날씨	そうですね ● 그렇네요
でも ● 하지만	少(すこ)し ● 조금	寒(さむ)い ● 춥다	日本(にほん) ● 일본
～も ● ～도	冬(ふゆ) ● 겨울	とても ● 매우	風(かぜ) ● 바람
～が ● ～이/가	強(つよ)い ● 강하다/세다		

Track 18

鈴木（すずき）：きょうは いい 天気（てんき）ですね。

パク：そうですね。でも、少（すこ）し 寒（さむ）いですね。

日本（にほん）も 冬（ふゆ）は 寒（さむ）いですか。

鈴木（すずき）：はい、寒（さむ）くて、とても 風（かぜ）が 強（つよ）いです。

覚えましょう 외워봅시다

01 기본형+명사 ～ 한 명사

大(おお)きい かばんです。	큰 가방입니다
おいしい ジュースです。	맛있는 주스입니다
古(ふる)い 映画(えいが)です。	오래된 영화입니다

02 어간+くて ～하고, ～해서

安(やす)くて いい 車(くるま)です。	싸고 좋은 차입니다
小(ちい)さくて 新(あたら)しい 財布(さいふ)です。	작고 새 지갑입니다
田中(たなか)さんは かわいくて おもしろいです。	다나까씨는 귀엽고 재미있습니다.

03 명사를 수식하는 지시어

이 + 명사	그 + 명사	저 + 명사	어느 + 명사
この + 명사	その + 명사	あの + 명사	どの + 명사

04 ～は　どうですか。 ～은/는어떻습니까?

英語(えいご)は どうですか。	영어는 어떻습니까?
あの デパートは どうですか。	저 백화점은 어떻습니까?
この 部屋(へや)は どうですか。	이 방은 어떻습니까?

Track 19

話してみましょう 말해봅시다

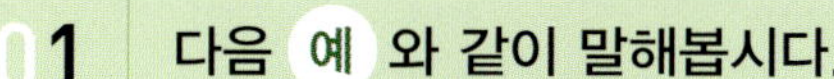

01 다음 예 와 같이 말해봅시다.

예 かばん / 高(たか)い

A：どんな かばんですか。

B：高(たか)い かばんです。

1 まんが / おもしろい

2 テレビ / 新(あたら)しい

3 犬(いぬ) / かわいい

4 映画(えいが) / 怖(こわ)い

5 部屋(へや) / 明(あか)るい

大(おお)きい 크다	ジュース 주스	古(ふる)い 오래되다	映画(えいが) 영화
安(やす)い 싸다	車(くるま) 차	小(ちい)さい 작다	新(あたら)しい 새롭다
かわいい 귀엽다	おもしろい 재미있다	英語(えいご) 영어	部屋(へや) 방
どんな 어떤	犬(いぬ) 개	怖(こわ)い 무섭다	明(あか)るい 밝다

話してみましょう 말해봅시다

02 다음 예 와 같이 말해봅시다.

예 日本語(にほんご) / 易(やさ)しい / おもしろい

A：日本語(にほんご)は どうですか。

B：易(やさ)しくて おもしろいです。

1 この 店(みせ) / 安(やす)い / いい

2 あの ジュース / 甘(あま)い / おいしい

3 あの 部屋(へや) / 狭(せま)い / うるさい

4 キムさん / 明(あか)るい / おもしろい

5 山田(やまだ)さんの 犬(いぬ) / 小(ちい)さい / かわいい

易(やさ)しい 쉽다	店(みせ) 가게	安(やす)い 싸다	甘(あま)い 달다
部屋(へや) 방	狭(せま)い 좁다	うるさい 시끄럽다	明(あか)るい 밝다
小(ちい)さい 작다	かわいい 귀엽다		

Track 20

聞いてみましょう 들어봅시다

01 다음을 듣고 빈칸에 히라가나를 넣어보세요.

❶ これは ＿＿＿＿ えいがです。

❷ ＿＿＿＿ は ＿＿＿＿ ですか。

❸ この みせは ＿＿＿＿ おいしいです。

02 다음을 듣고 해당하는 그림을 고르세요.

예 ❶ ○ ❷ ❸

1 ❶ ❷ ❸

2 ❶ ❷ ❸

3 ❶ ❷ ❸

4 ❶ ❷ ❸

07

韓国料理(かんこくりょうり)が 好(す)きですか。

한국 요리를 좋아하세요?

ポイント

1. な형용사 익히기
2. 田中(たなか)さんは 親切(しんせつ)です。
3. いいえ、 暇(ひま)じゃありません。
4. 山田(やまだ)さんは 韓国語(かんこくご)が 上手(じょうず)です。

韓国料理(かんこくりょうり) 한국 요리	好(す)きだ 좋아하다	ええ 예	大好(だいす)きだ 아주 좋아하다
でも 하지만	辛(から)い 맵다	の 것	あまり 그다지/별로
そうですか 그렇습니까	料理(りょうり) 요리	上手(じょうず)だ 잘하다	

Track 21

パク：鈴木さんは 韓国料理が 好きですか。

鈴木：ええ、大好きです。

でも、辛いのは あまり 好きじゃありません。

パク：そうですか。料理は 上手ですか。

鈴木：いいえ、あまり 上手じゃありません。

覚えましょう

01 기본형(어간+だ) ～하다

日本語(にほんご)は 簡単(かんたん)だ。 — 일본어는 간단하다

田中(たなか)さんは 親切(しんせつ)だ。 — 다나까씨는 친절하다

山田(やまだ)さんの 部屋(へや)は きれいだ。 — 야마다씨의 방은 깨끗하다

02 어간+です。 ～합니다

日本語(にほんご)は 簡単(かんたん)です。 — 일본어는 간단합니다

田中(たなか)さんは 親切(しんせつ)です。 — 다나까씨는 친절합니다

山田(やまだ)さんの 部屋(へや)は きれいです。 — 야마다씨의 방은 깨끗합니다

03 어간+ですか。 ～합니까?

山田(やまだ)さんは 真面目(まじめ)ですか。 — 야마다씨는 성실합니까?

地下鉄(ちかてつ)は 便利(べんり)ですか。 — 지하철은 편리합니까?

きょうは 暇(ひま)ですか。 — 오늘은 한가합니까?

04 はい、어간+です。 예,～합니다

はい、真面目(まじめ)です。 — 예, 성실합니다

はい、便利(べんり)です。 — 예, 편리합니다

はい、暇(ひま)です。 — 예, 한가합니다

외워봅시다

05 いいえ、어간+じゃ(では)ありません。　아니오, ~하지 않습니다

いいえ、真面目(まじめ)じゃありません。　아니오, 성실하지 않습니다

いいえ、便利(べんり)じゃありません。　아니오, 편리하지 않습니다

いいえ、暇(ひま)じゃありません。　아니오, 한가하지 않습니다

06

~が 好(す)きです。　~을/를 좋아합니다

~が 嫌(きら)いです。　~을/를 싫어합니다

~が 上手(じょうず)です。　~을/를 잘합니다

~が 下手(へた)です。　~을/를 잘 못합니다

私(わたし)は すしが 好(す)きです。　나는 초밥을 좋아합니다

田中(たなか)さんは スポーツが 嫌(きら)いですか。　다나까씨는 스포츠를 싫어합니까?

山田(やまだ)さんは 韓国語(かんこくご)が 上手(じょうず)です。　야마씨는 한국어를 잘 합니다

私(わたし)は 歌(うた)が 下手(へた)です。　나는 노래를 잘 못합니다

일본어에서는 「기호」나 「능력」을 나타내는 단어 앞에 조사 [을/를]이 올 때는 [を] 대신 [が]를 붙인다.

簡単(かんたん)だ ● 간단하다
真面目(まじめ)だ ● 성실하다
きょう ● 오늘
スポーツ ● 스포츠
親切(しんせつ)だ ● 친절하다
地下鉄(ちかてつ) ● 지하철
暇(ひま)だ ● 한가하다
歌(うた) ● 노래
きれいだ ● 깨끗하다/예쁘다
便利(べんり)だ ● 편리하다
すし ● 초밥

Track 22

話してみましょう

01 다음 예 와 같이 밑줄 친 부분을 바꾸어서 말해봅시다.

有名(ゆうめい)だ

예 A：有名(ゆうめい)？

B：うん、有名(ゆうめい)。

うううん、有名(ゆうめい)じゃない。

예 A：有名(ゆうめい)ですか。

B：はい、有名(ゆうめい)です。

いいえ、有名(ゆうめい)じゃないです。

いいえ、有名(ゆうめい)じゃありません。

예문해석

A：유명 하니?
B：응, 유명해.
아니, 유명 하지 않아.

A：유명합니까?
B：예, 유명합니다.
아니오, 유명 하지 않습니다.

❶ 元気(げんき)だ

❷ 簡単(かんたん)だ

❸ 親切(しんせつ)だ

❹ 真面目(まじめ)だ

보통형

어간 +	だ (기본형)	~하다
어간 +	じゃ(では)ない	~하지 않다

정중형

어간 +	です	~합니다
어간 +	じゃ(では)ないです	~하지 않습니다
어간 +	じゃ(では)ありません	

말해봅시다

02 다음과 예 같이 말해봅시다.

예 先生(せんせい) / きれいだ

A：先生(せんせい)は きれいですか。

B：はい、とても きれいです。

いいえ、あまり きれいじゃありません。

❶ コンビニ / 便利(べんり)だ

❷ あの 車(くるま) / 丈夫(じょうぶ)だ

❸ 東京(とうきょう) / 賑(にぎ)やかだ

❹ ピアノが 上手(じょうず)だ

❺ 歌(うた)が 好(す)きだ

有名(ゆうめい)だ 유명하다	元気(げんき)だ 건강하다	簡単(かんたん)だ 간단하다	親切(しんせつ)だ 친절하다
真面目(まじめ)だ 성실하다	きれいだ 깨끗하다	とても 매우	あまり 그다지/별로
コンビニ 편의점	便利(べんり)だ 편리하다	車(くるま) 차	丈夫(じょうぶ)だ 튼튼하다
東京(とうきょう) 동경	賑(にぎ)やかだ 번화하다	ピアノ 피아노	上手(じょうず)だ 잘한다/능숙하다
歌(うた) 노래	好(す)きだ 좋아한다		

Track 23

聞いてみましょう 들어봅시다

01 다음을 듣고 빈칸에 히라가나를 넣어보세요.

❶ せんせいは ＿＿＿＿ です。

❷ さしみ ＿＿＿＿ ＿＿＿＿ ですか。

❸ うたは ＿＿＿＿ じゃありません。

02 다음을 듣고 해당하는 그림을 고르세요.

な 형용사

好(す)きだ
좋아한다

嫌(きら)いだ
싫어한다

上手(じょうず)だ
잘한다

下手(へた)だ
잘 못한다

便利(べんり)だ
편리하다

簡単(かんたん)だ
간단하다

有名(ゆうめい)だ
유명하다

親切(しんせつ)だ
친절하다

きれいだ
깨끗하다/예쁘다

ハンサムだ
핸섬하다

暇(ひま)だ
한가하다

元気(げんき)だ
건강하다

真面目(まじめ)だ
성실하다

丈夫(じょうぶ)だ
튼튼하다

静(しず)かだ
조용하다

賑(にぎ)やかだ
번화하다

賑(にぎ)やかな店(みせ)ですね。

북적거리는 가게군요

ポイント

1. 好(す)きなスポーツは 何(なん)ですか。
2. 田中(たなか)さんは まじめで、ハンサムです。
3. この店(みせ)は 有名(ゆうめい)だから、人(ひと)が 多(おお)いです。

ここ ● 여기	賑(にぎ)やかだ ● 번화하다/북적거리다	店(みせ) ● 가게
とても ● 매우	有名(ゆうめい)だ ● 유명하다	どうして ● 왜/어째서
親切(しんせつ)だ ● 친절하다	料理(りょうり) ● 요리	～からです ● ～이기/하기 때문입니다

Track 24

鈴木（すずき）：ここは 賑（にぎ）やかな店（みせ）ですね。

パク：ええ、この店（みせ）は とても 有名（ゆうめい）ですよ。

鈴木（すずき）：どうしてですか。

パク：親切（しんせつ）で、料理（りょうり）が おいしいからです。

覚えましょう 외워봅시다

01 어간 + な + 명사 ~한(명사)

田中さんは 真面目な 人です。	다나까씨는 성실한 사람입니다
さくらは きれいな 花です。	벚꽃은 아름다운 꽃입니다
好きな スポーツは 何ですか。	좋아하는 스포츠는 무엇입니까?

02 어간 + で ~하고, ~해서

あの 部屋は 静かで、きれいです。	저 방은 조용하고 깨끗합니다
日本語は 簡単で、おもしろいです。	일본어는 간단하고 재미있습니다
田中さんは 真面目で、ハンサムです。	다나까씨는 성실하고 잘 생겼습니다

03 ~から ~이기/하기 때문에, ~이므로/하므로

きょうは 休みだから、暇です。	오늘은 휴일이기 때문에 한가합니다
この店は 有名だから、人が 多いです。	이 가게는 유명하기 때문에 사람이 많습니다
キム先生は 親切で おもしろいから、好きです。	김선생님은 친절하고 재미있기 때문에 좋아합니다

04 ~よ。

 상대방이 모르는 정보를 알려주거나, 자기 의사를 강하게 주장하는 표현으로 문장의 끝에 붙여서 사용한다.

Track 25

話してみましょう 말해봅시다

01 다음 예 와 같이 말해봅시다.

예 車(くるま) / 丈夫(じょうぶ)だ

A：どんな 車(くるま)ですか。

B：丈夫(じょうぶ)な 車(くるま)です。

❶ 医者(いしゃ) / 親切(しんせつ)だ

❷ 人(ひと) / 真面目(まじめ)だ

❸ レストラン / 静(しず)かだ

❹ 地下鉄(ちかてつ) / 便利(べんり)だ

❺ 会社(かいしゃ) / 有名(ゆうめい)だ

真面目(まじめ)だ ● 성실하다	人(ひと) ● 사람	さくら ● 벚꽃	きれいだ ● 깨끗하다/예쁘다
花(はな) ● 꽃	好(す)きだ ● 좋아하다	スポーツ ● 스포츠	静(しず)かだ ● 조용하다
簡単(かんたん)だ ● 간단하다	ハンサムだ ● 핸섬하다	休(やす)み ● 휴일	暇(ひま)だ ● 한가하다
店(みせ) ● 가게/상점	有名(ゆうめい)だ ● 유명하다	親切(しんせつ)だ ● 친절하다	車(くるま) ● 차
丈夫(じょうぶ)だ ● 튼튼하다	レストラン ● 레스토랑	地下鉄(ちかてつ) ● 지하철	

話してみましょう　말해봅시다

02　다음 예 와 같이 말해봅시다.

예 この デパート / 有名(ゆうめい)だ / 立派(りっぱ)だ

A : この デパートは どうですか。
B : 有名(ゆうめい)で 立派(りっぱ)です。

❶ 英語(えいご)の 先生(せんせい) / ハンサムだ / 親切(しんせつ)だ

❷ ソウル公園(こうえん) / 静(しず)かだ / きれいだ

❸ この パソコン / 便利(べんり)だ / いい

❹ 日本(にほん)の まつり / 賑(にぎ)やかだ / おもしろい

❺ キムさんの 子(こ)ども / 元気(げんき)だ / かわいい

有名(ゆうめい)だ 유명하다　立派(りっぱ)だ 훌륭하다　どうですか 어떻습니까?　ソウル公園(こうえん) 서울공원
静(しず)かだ 조용하다　パソコン 컴퓨터　まつり 축제　賑(にぎ)やかだ 북적거리다
子ども 아이　元気(げんき)だ 건강하다

Track 26

聞いてみましょう 들어봅시다

01 다음을 듣고 빈칸에 히라가나를 넣어보세요.

❶ キムさんは ______ ひとです。

❷ にほんの ______ は ______ はやいです。

❸ ______ かいしゃですか。

02 다음을 듣고 해당하는 그림을 고르세요.

	①	②	③
예	○		
1			
2			
3			
4			

09

スキーと テニスと どちらが 好(す)きですか。

스키하고 테니스하고 어느 쪽을 좋아하세요?

ポイント

1. 비교하기
2. ビールと ワインと どちらが 好(す)きですか。
3. (日本語(にほんご)より) 英語(えいご)の 方(ほう)が 上手(じょうず)です。
4. 韓国料理(かんこくりょうり)の 中(なか)で 何(なに)が 一番(いちばん) おいしいですか。

スキー ● 스키	～と ● ～와/과	テニス ● 테니스	どちら ● 어느 쪽
好(す)きだ ● 좋아하다	方(ほう) ● 쪽/편	スポーツ ● 스포츠	～の中(なか)で ● ～중에서
何(なに) ● 무엇	～が ● ～이/가	一番(いちばん) ● 가장	水泳(すいえい) ● 수영

Track 27

パク：鈴木(すずき)さんは スキーと テニスと どちらが 好(す)きですか。

鈴木(すずき)：私(わたし)は テニスの 方(ほう)が 好(す)きです。

パクさんは スポーツの 中(なか)で 何(なに)が 一番(いちばん) 好(す)きですか。

パク：水泳(すいえい)が 一番(いちばん) 好(す)きです。

覚えましょう

01 ～と ～と どちらが ～ですか。　～와 ～와 어느 쪽이 ～입니까?

すしと プルゴギと どちらが おいしいですか。	초밥과 불고기와 어느 쪽이 맛있습니까?
ビールと ワインと どちらが 好(す)きですか。	맥주와 와인과 어느 쪽을 좋아합니까?
日本語(にほんご)と 英語(えいご)と どちらが 上手(じょうず)ですか。	일본어와 영어와 어느 쪽을 잘합니까?

02 (～より) ～の 方(ほう)が ～です。　(～보다)~쪽이 ～입니다

(すしより) プルゴギの 方(ほう)が おいしいです。	(초밥보다)불고기쪽이 맛있습니다
(ビールより) ワインの 方(ほう)が 好(す)きです。	(맥주보다) 와인쪽을 좋아합니다
(日本語(にほんご)より) 英語(えいご)の 方(ほう)が 上手(じょうず)です。	(일본어보다) 영어쪽을 잘합니다

03 ～の 中(なか)で 何(なに)が 一番(いちばん) ～ですか。　～중에서 무엇이 가장 ～입니까?

誰(だれ)	누구
どこ	어디
いつ	언제

韓国料理(かんこくりょうり)の 中(なか)で 何(なに)が 一番(いちばん) おいしいですか。	한국요리 중에서 무엇이 가장 맛있습니까?
友(とも)だちの 中(なか)で 誰(だれ)が 一番(いちばん) きれいですか。	친구 중에서 누가 가장 예쁩니까?
日本(にほん)の 中(なか)で どこが 一番(いちばん) 有名(ゆうめい)ですか。	일본 중에서 어디가 가장 유명합니까?
季節(きせつ)の 中(なか)で いつが 一番(いちばん) 好(す)きですか。	계절 중에서 언제를 가장 좋아합니까?

외워봅시다

04 ~が 一番(いちばん) ~です。 ~이/가 가장 ~입니다

プルゴギが 一番(いちばん) おいしいです。	불고기가 가장 맛있습니다
山田(やまだ)さんが 一番(いちばん) きれいです。	야마다씨가 가장 예쁩니다
東京(とうきょう)が 一番(いちばん) 有名(ゆうめい)です。	동경이 가장 유명합니다
春(はる)が 一番(いちばん) 好(す)きです。	봄을 가장 좋아합니다

プルゴギ ● 불고기	ビール ● 맥주	ワイン ● 와인
好(す)きだ ● 좋아하다	英語(えいご) ● 영어	上手(じょうず)だ ● 잘하다
韓国料理(かんこくりょうり) ● 한국요리	友(とも)だち ● 친구	きれいだ ● 예쁘다
有名(ゆうめい)だ ● 유명하다	季節(きせつ) ● 계절	春(はる) ● 봄

Track 28

話してみましょう

01 다음 예 와 같이 말해봅시다.

예 みかん / いちご / おいしい

A：みかんと いちごと どちらが おいしいですか。

B：(みかんより) いちごの ほうが おいしいです。

❶ 犬(いぬ) / 猫(ねこ) / かわいい

❷ 日本語(にほんご) / 英語(えいご) / おもしろい

❸ バス / 地下鉄(ちかてつ) / 速(はや)い

❹ スキー / テニス / 上手(じょうず)だ

❺ 夏(なつ) / 冬(ふゆ) / 好(す)きだ

말해봅시다

02 다음 예 와 같이 말해봅시다.

예 スポーツ / 上手(じょうず)だ

A : スポーツの 中(なか)で 何(なに)が 一番(いちばん) 上手(じょうず)ですか。

B : スキーが 一番(いちばん) 上手(じょうず)です。

❶ お酒(さけ) / 好(す)きだ

❷ 料理(りょうり) / 辛(から)い

❸ 果物(くだもの) / おいしい

❹ 季節(きせつ) / 好(す)きだ

みかん 귤	いちご 딸기	猫(ねこ) 고양이	バス 버스
速(はや)い 빠르다	スキー 스키	テニス 테니스	上手(じょうず)だ 잘하다
夏(なつ) 여름	冬(ふゆ) 겨울	お酒(さけ) 술	料理(りょうり) 요리
辛(から)い 맵다	果物(くだもの) 과일	季節(きせつ) 계절	

Track 29

聞いてみましょう 들어봅시다

01 다음을 듣고 빈칸에 히라가나를 넣어보세요.

❶ バス ＿＿ ちかてつ ＿＿ ＿＿ ＿＿ ですか。

❷ いぬ ＿＿ ねこの ＿＿ が ＿＿ です。

❸ スポーツの ＿＿ で ＿＿ が ＿＿ すきですか。

02 다음을 듣고 해당하는 그림을 고르세요.

예 ❶  ( ) ❷ (O)

1 ❶ 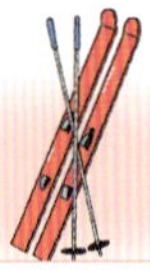 ( ) ❷  ( )

2 ❶  ( ) ❷  ( )

3 ❶  ( ) ❷  ( )

4 ❶  ( ) ❷  ( )

5 ❶  ( ) ❷  ( )

季節(きせつ)

계절

春(はる)
봄

夏(なつ)
여름

秋(あき)
가을

冬(ふゆ)
겨울

果物(くだもの)

과일

いちご
딸기

りんご
사과

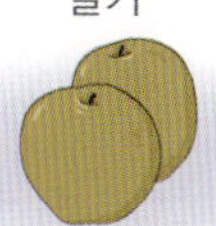

なし
배

ぶどう
포도

みかん
귤

すいか
수박

メロン
멜론

バナナ
바나나

スポーツ

스포츠

スキー
스키

サッカー
축구

テニス
테니스

ゴルフ
골프

スノーボード
스노보드

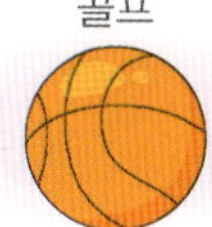

バスケットボール
농구

水泳(すいえい)
수영

お酒(さけ)

술

焼酎(しょうちゅう)
소주

ビール
맥주

ワイン
와인

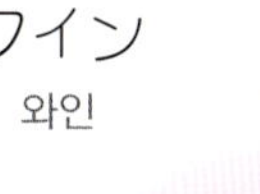

ウィスキー
위스키

カクテル
칵테일

いくらですか。

얼마입니까?

ポイント

1. 금액 말하기
2. 조수사(단위) 익히기
3. あの 長(なが)い傘(かさ)は いくらですか。
4. ハンバーガー ひとつ ください。

店員(てんいん) ● 점원	いらっしゃいませ ● 어서오세요		ケーキ ● 케익
いくら ● 얼마	円(えん) ● 일본 화폐의 단위	と ● ~와/과	コーヒー ● 커피
~ずつ ● ~씩	ください ● 주세요	全部(ぜんぶ)で ● 전부해서	じゃあ ● 그러면
これで ● 이것으로	お願(ねが)いします ● 부탁합니다		

Track 30

店員(てんいん)：いらっしゃいませ。

鈴木(すずき)：この ケーキは いくらですか。

店員(てんいん)：300円(えん)です。

鈴木(すずき)：ケーキと コーヒー 2つずつ ください。

店員(てんいん)：はい、全部(ぜんぶ)で 1500円(えん)です。

鈴木(すずき)：じゃあ、これで お願(ねが)いします。

覚えましょう

01 숫자읽기(1~20)

1	いち	11	じゅういち
2	に	12	じゅうに
3	さん	13	じゅうさん
4	よん / し	14	じゅうよん / じゅうし
5	ご	15	じゅうご
6	ろく	16	じゅうろく
7	なな / しち	17	じゅうなな / じゅうしち
8	はち	18	じゅうはち
9	きゅう / く	19	じゅうきゅう / じゅうく
10	じゅう	20	にじゅう

02 숫자읽기(10~90000)

	10	100	1000	10000
1	じゅう	ひゃく	せん	いちまん
2	にじゅう	にひゃく	にせん	にまん
3	さんじゅう	さんびゃく	さんぜん	さんまん
4	よんじゅう	よんひゃく	よんせん	よんまん
5	ごじゅう	ごひゃく	ごせん	ごまん
6	ろくじゅう	ろっぴゃく	ろくせん	ろくまん
7	ななじゅう	ななひゃく	ななせん	ななまん
8	はちじゅう	はっぴゃく	はっせん	はちまん
9	きゅうじゅう	きゅうひゃく	きゅうせん	きゅうまん

03 ~は いくらですか。 ~은/는 얼마입니까?

この 小(ちい)さいカメラは いくらですか。 이 작은 카메라는 얼마입니까?

その 黒(くろ)いかばんは いくらですか。 그 검은 가방은 얼마입니까?

あの 長(なが)い傘(かさ)は いくらですか。 저 긴 우산은 얼마입니까?

04 ください。 주세요

この デジカメ ください。 이 디지털 카메라 주세요
ハンバーガー ひとつ ください。 햄버거 하나 주세요
ノートと ボールペン ください。 노트와 볼펜 주세요

05 금액 및 조수사(단위)

	円(엔)	～つ	～枚(장)	～本(자루/병)	～階(층)
1	いちえん	ひとつ	いちまい	いっぽん	いっかい
2	にえん	ふたつ	にまい	にほん	にかい
3	さんえん	みっつ	さんまい	さんぼん	さんがい
4	よえん	よっつ	よんまい	よんほん	よんかい
5	ごえん	いつつ	ごまい	ごほん	ごかい
6	ろくえん	むっつ	ろくまい	ろっぽん	ろっかい
7	ななえん	ななつ	ななまい	ななほん	ななかい
8	はちえん	やっつ	はちまい	はっぽん	はちかい/はっかい
9	きゅうえん	ここのつ	きゅうまい	きゅうほん	きゅうかい
10	じゅうえん	とお	じゅうまい	じゅっぽん	じゅっかい
	いくら 얼마	いくつ 몇 개	なんまい 몇 장	なんぼん 몇 자루/병	なんがい 몇 층

小さい(ちい) 작다　カメラ 카메라　いくら 얼마
黒い(くろ) 검다　長い(なが) 길다　傘(かさ) 우산
デジカメ（デジタルカメラ） 디지털 카메라　ハンバーガー 햄버거
ひとつ 하나　ノート 노트　ボールペン 볼펜

Track 31

話してみましょう

01 다음 예 와 같이 바꾸어서 말해보세요.

예 155円(えん)	❶ 630円(えん)	❷ 3200円(えん)
A：いくらですか。 B：ひゃくごじゅうごえんです。		
❸ 8700円(えん)	❹ 16400円(えん)	❺ 37800円(えん)

02 다음 예 와 같이 바꾸어서 말해보세요.

예 A：ハンバーガーは いくらですか。
B：350円(えん)（さんびゃく ごじゅう えん）です。

예	❶	❷	❸	❹
ハンバーガー 350円(えん)	ピザ 920円(えん)	スパゲッティ 680円(えん)	ケーキ 300円(えん)	サンドイッチ 500円(えん)
❺	❻	❼	❽	❾
コーラ 170円(えん)	コーヒー 230円(えん)	アイスティー 250円(えん)	ジュース 280円(えん)	ビール 480円(えん)

말해봅시다

03 다음 예 와 같이 바꾸어서 말해보세요.

예
店員(てんいん)：いらっしゃいませ。
お客(きゃく)：ハンバーガーは いくらですか。
店員(てんいん)：350円(えん)です。
お客(きゃく)：ハンバーガーと コーラ ください。
店員(てんいん)：はい、全部(ぜんぶ)で 520円(えん)です。
お客(きゃく)：じゃあ、これで お願(ねが)いします。

예	ハンバーガー	+	コーラ	=	520円(えん)
❶	ピザ	+	ビール	=	
❷	スパゲッティ	+	アイスティー	=	
❸	ケーキ	+	コーヒー	=	
❹	サンドイッチ	+	ジュース	=	

ピザ 피자　スパゲッティ 스파게티　ケーキ 케익　サンドイッチ 샌드위치
コーラ 콜라　コーヒー 커피　アイスティー 아이스티　ビール 맥주
店員(てんいん) 점원　いらっしゃいませ 어서오세요　お客(きゃく) 손님　全部(ぜんぶ)で 전부해서
これで 이것으로　お願(ねが)いします 부탁합니다

聞いてみましょう 들어봅시다

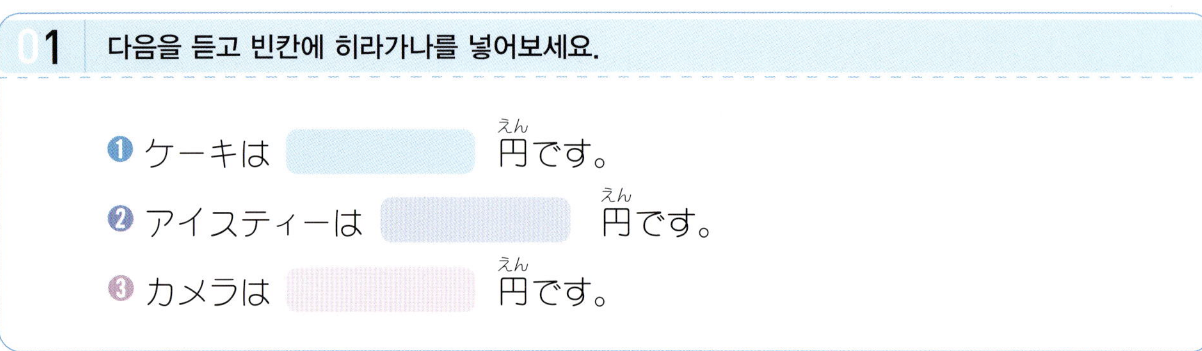

01 다음을 듣고 빈칸에 히라가나를 넣어보세요.

❶ ケーキは ______ 円(えん)です。

❷ アイスティーは ______ 円(えん)です。

❸ カメラは ______ 円(えん)です。

02 다음을 듣고 금액을 넣어보세요.

예	430円(えん)	180円(えん)
❶	円(えん)	円(えん)
❷	円(えん)	円(えん)
❸	円(えん)	円(えん)

일본의 화폐

일본의 화폐의 단위는 [엔(円)]이고, 동전과 지폐가 있다. 동전은 1엔, 5엔, 10엔, 50엔, 100엔, 500엔으로 6종류가 있다. 지폐는 1000엔, 2000엔, 5000엔, 10000엔의 4종류가 있으며, 1984년에 발행된 지폐와 2004년에 발행된 지폐가 현재 통용되고 있다.

10000엔에 있는 인물은 후쿠자와 유키치(福沢諭吉)로 교육가이며, 일본에서 체계적으로 영어를 공부한 최초의 사람이다.

1984년에 발행된 5000엔에 있는 인물은 니토베 이나조(新戸部稲造)로 UN사무차장을 역임했고 국제사회에 일본을 알리는 데 공헌한 인물이다.

2004년 5000엔에 있는 인물은 히구치 이치요(樋口一葉)로 명치시대의 여류 소설가이다.

2000엔은 2000년에 오키나와에서 열린 G8정상회담을 기념해서 발행한 것으로 앞면에는 오키나와의 슈레몽(守礼門)이 그려져 있고 뒷면에는 세계에서 가장 오래된 대하소설인 겐지모노가타리(源氏物語)에 나오는 그림이 그려져 있으며 널리 통용되는 화폐는 아니다.

1984년에 발행된 1000엔에 있는 인물은 일본사람들이 가장 좋아하는 작가 중 한명인 나츠메 소세키(夏目漱石)이다.

2004년에 발행된 1000엔에 있는 인물은 노구치 히데요(野口英世)로 어릴 때의 화상으로 왼손이 부자유함에도 불구하고 의사가 된 인물로 황열병 등의 연구로 유명하다.

사진제공 : 일본 국제 관광 진흥회 서울사무소

11 この近く(ちか)に銀行(ぎんこう)がありますか。

이 근처에 은행이 있습니까?

ポイント

1. 위치 명사 익히기
2. テレビの 上(うえ)に 花(はな)が あります。
3. いすの 下(した)に 犬(いぬ)が います。

すみません 실례합니다	近(ちか)く 근처	～に ～에	銀行(ぎんこう) 은행
通行人(つうこうにん) 통행인	駅(えき) 역	そば 옆	パン屋(や) 빵가게
前(まえ) 앞	どうも 감사합니다		

Track 33

鈴　木(すずき)：すみません、この 近(ちか)くに 銀行(ぎんこう)が ありますか。

通行人(つうこうにん)：銀行(ぎんこう)ですか。

あ、駅(えき)の そばに あります。パン屋(や)の 前(まえ)です。

鈴　木(すずき)：パン屋(や)の 前(まえ)ですね。どうも。

覚えましょう

01 ～に ～が あります。 ～에 ～이/가 있습니다

かばんの 中(なか)に 本(ほん)が あります。 가방 안에 책이 있습니다

机(つくえ)の そばに 本棚(ほんだな)が あります。 책상 옆에 책장이 있습니다

テレビの 上(うえ)に 花(はな)が あります。 TV위에 꽃이 있습니다

무생물과 식물이 있을 때 사용하는 표현

02 ～に ～が います。 ～에 ～이/가 있습니다

教室(きょうしつ)の 中(なか)に 学生(がくせい)が います。 교실 안에 학생이 있습니다

友(とも)だちの 後(うし)ろに 先生(せんせい)が います。 친구 뒤에 선생님이 있습니다

いすの 下(した)に 犬(いぬ)が います。 의자 밑에 개가 있습니다

사람과 동물이 있을 때 사용하는 표현

03 ありません。/ いません。 없습니다

質問(しつもん)が ありますか。 질문이 있습니다

いいえ、ありません。 아니오 없습니다

恋人(こいびと)が いますか。 애인이 있습니까?

いいえ、いません。 아니오, 없습니다

04 장소를 나타내는 지시어

～곳(장소)		～쪽(방향)	
ここ	여기	こちら	이 쪽
そこ	거기	そちら	그 쪽
あそこ	저기	あちら	저 쪽
どこ	어디	どちら	어느 쪽

05 위치

명사+の 上(うえ)に
명사+위에

명사+の 下(した)に
명사+아래에

명사+の 前(まえ)に
명사+앞에

명사+の 後(うし)ろに
명사+뒤에

명사+の 右(みぎ)に
명사+오른쪽에

명사+の 左(ひだり)に
명사+왼쪽에

명사+の 中(なか)に
명사+안에

명사+の 外(そと)に
명사+밖에

명사+の そばに
の 隣(となり)に
명사+옆에

명사+の 近(ちか)くに
명사+근처에

机(つくえ) 책상	本棚(ほんだな) 책장	テレビ 텔레비전	花(はな) 꽃
教室(きょうしつ) 교실	いす 의자	質問(しつもん) 질문	恋人(こいびと) 애인

Track 34

話してみましょう

01 다음 예 와 같이 말해보세요.

예 かばん / いすの 上(うえ)

A：かばんが ありますか。　B：はい、あります。

A：どこに ありますか。　B：いすの 上に あります。

❶ 財布(さいふ) / かばんの 中(なか)

❷ 電話(でんわ) / 本棚(ほんだな)の そば

❸ 犬(いぬ) / テレビの 前(まえ)

❹ 猫(ねこ) / テーブルの 下(した)

❺ 恋人(こいびと) / 私(わたし)の 隣(となり)

- いす 의자
- 上(うえ) 위
- どこ 어디
- 財布(さいふ) 지갑
- 中(なか) 안
- 本棚(ほんだな) 책장
- そば 옆
- 前(まえ) 앞
- 猫(ねこ) 고양이
- テーブル 테이블
- 下(した) 아래
- 恋人(こいびと) 애인
- 隣(となり) 옆

02 다음 예 와 같이 말해보세요.

예 A：かばんは どこに ありますか。　　B：いすの 下(した)に あります。

❶ A：花(はな) は どこに ありますか。

❷ A：財布(さいふ)は どこに ありますか。

❸ A：犬(いぬ)は どこに いますか。

❹ A：日本語(にほんご)の 本(ほん)は どこに ありますか。

❺ A：テレビは どこに ありますか。

❻ A：猫(ねこ)は どこに いますか。

上(うえ) ● 위	下(した) ● 아래	前(まえ) ● 앞	後(うしろ) ● 뒤
右(みぎ) ● 오른쪽	左(ひだり) ● 아래	中(なか) ● 안	外(そと) ● 밖
そば ● 옆	隣(となり) ● 옆	近(ちか)く ● 근처	

Track 35

聞いてみましょう 들어봅시다

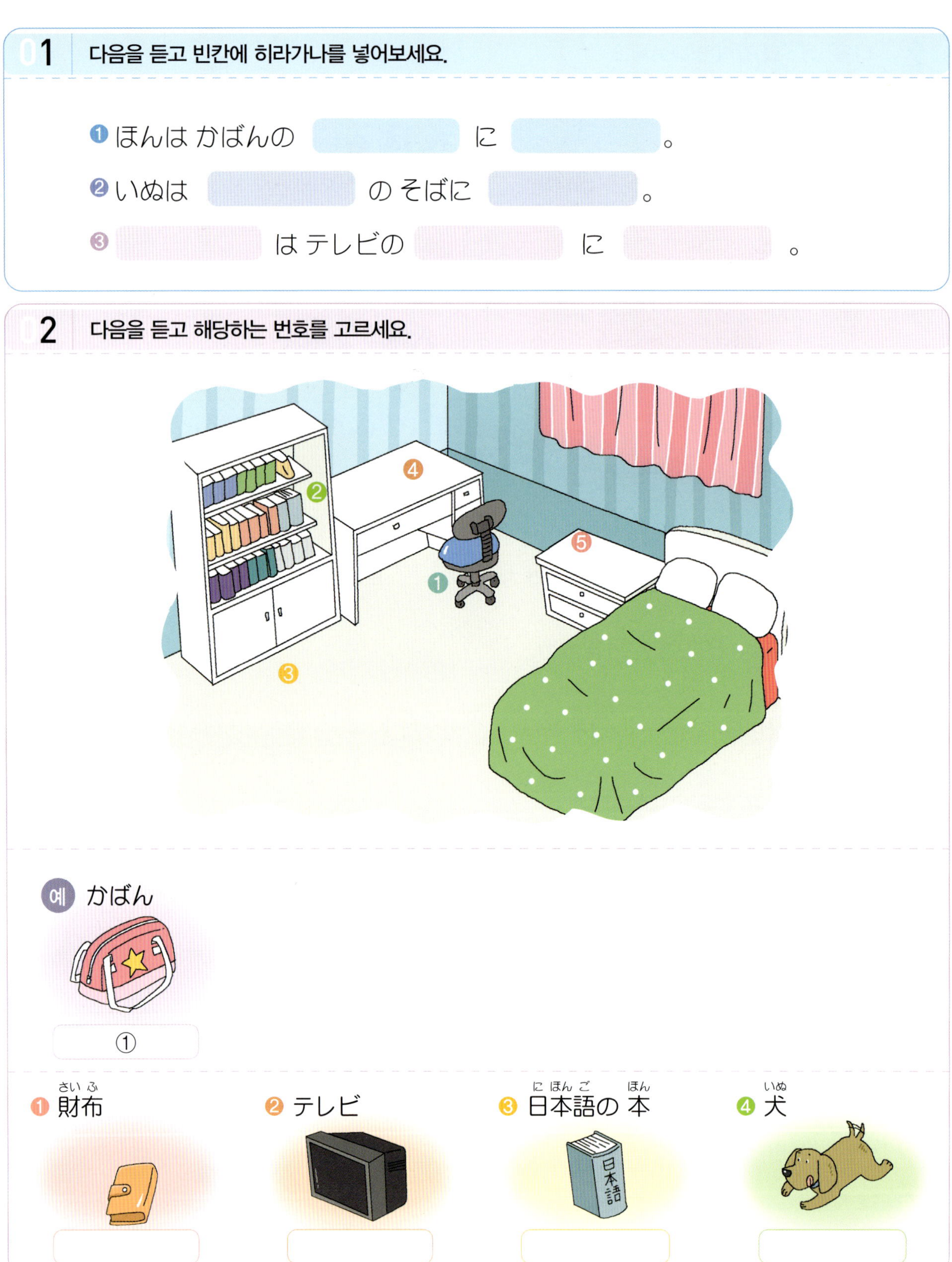

01 다음을 듣고 빈칸에 히라가나를 넣어보세요.

❶ ほんは かばんの ＿＿＿＿ に ＿＿＿＿。

❷ いぬは ＿＿＿＿ の そばに ＿＿＿＿。

❸ ＿＿＿＿ は テレビの ＿＿＿＿ に ＿＿＿＿。

02 다음을 듣고 해당하는 번호를 고르세요.

예 かばん ①

❶ 財布(さいふ)

❷ テレビ

❸ 日本語(にほんご)の 本(ほん)

❹ 犬(いぬ)

어른이 될 때까지의 의식

시치고산 (七五三《しちごさん》)

11월 15일이 되면 3세, 7세의 여자아이와 3세, 5세의 남자아이들이 부모와 함께 신사에 가서 건강하게 자란 것에 대한 감사와, 장래의 행복과 장수를 기원하는 행사이다.

3세에 남녀 모두 처음으로 머리를 늘어뜨리는 의식인 가미오키(髪置き《かみおき》)를 행하고, 그 후 남아는 5세가 되면 처음으로 하카마를 입는 의식인 하카마기(袴着《はかまぎ》)를, 여아는 7세가 되면 처음으로 끈을 풀고 정식으로 오비를 하는 띠풀기 의식인 오비토키(帯解《おびとき》)를 행한다.

또 아이가 장수하도록 기원하는 의미의 치토세아메(千歳飴《ちとせあめ》)를 먹으며 축하한다.

성인식 (成人式《せいじんしき》)

20세가 된 사람들을 성인으로 인정해주고, 독립된 사회인으로서의 지위와 선거권도 주어지며 음주와 흡연도 공식적으로 허락되는 의식이다.

1948년에 제정해서 각지의 지방 공공단체 등의 기관에서 성인식이 열리고 기념품을 나누어준다. 1999년까지는 1월 15일이었으나, 2000년부터는 1월 둘째 주 월요일이 성인의 날이 되었다. 여자들은 이때 고가의 기모노를 입고 사진을 찍는데, 이때의 기념사진이 맞선사진으로 사용되기도 한다.

사진제공 : 일본 국제 관광 진흥회 서울사무소

12

テストは いつですか。

시험은 언제입니까?

1. 날짜, 요일 익히기
2. きょうは、 何月何日(なんがつなんにち)ですか。
3. お誕生日(たんじょうび)は いつですか。

いつ ● 언제	来週(らいしゅう) ● 다음주	火曜日(かようび) ● 화요일
それじゃ ● 그러면	~月(がつ) ● ~월	~日(にち) ● ~일
がんばってください ● 힘내세요	ありがとうございます ● 감사합니다	

Track 36

パク：鈴木(すずき)さん、韓国語(かんこくご)の テストは いつですか。

鈴木(すずき)：来週(らいしゅう)の 火曜日(かようび)です。

パク：それじゃ、７月(がつ)２６日(にち)ですね。

がんばってください。

鈴木(すずき)：ありがとうございます。

覚えましょう

01 何月(なんがつ)ですか。 몇 월입니까?

1월	いちがつ	2월	にがつ	3월	さんがつ
4월	しがつ	5월	ごがつ	6월	ろくがつ
7월	しちがつ	8월	はちがつ	9월	くがつ
10월	じゅうがつ	11월	じゅういちがつ	12월	じゅうにがつ

02 何日(なんにち)(何曜日(なんようび))ですか。 몇 일(무슨 요일)입니까?

日曜日(にちようび) 일요일	月曜日(げつようび) 월요일	火曜日(かようび) 화요일	水曜日(すいようび) 수요일	木曜日(もくようび) 목요일	金曜日(きんようび) 금요일	土曜日(どようび) 토요일
			1일 ついたち	2일 ふつか	3일 みっか	4일 よっか
5일 いつか	6일 むいか	7일 なのか	8일 ようか	9일 ここのか	10일 とおか	11일 じゅういちにち
12일 じゅうににち	13일 じゅうさんにち	14일 じゅうよっか	15일 じゅうごにち	16일 じゅうろくにち	17일 じゅうしちにち	18일 じゅうはちにち
19일 じゅうくにち	20일 はつか	21일 にじゅう いちにち	22일 にじゅう ににち	23일 にじゅう さんにち	24일 にじゅう よっか	25일 にじゅう ごにち
26일 にじゅう ろくにち	27일 にじゅう しちにち	28일 にじゅう はちにち	29일 にじゅう くにち	30일 さんじゅう にち	31일 さんじゅう いちにち	

03 何年(なんねん)ですか。 몇 년입니까?

1년 いちねん	2년 にねん	3년 さんねん
4년 よねん	5년 ごねん	6년 ろくねん
7년 なな(しち)ねん	8년 はちねん	9년 きゅうねん
10년 じゅうねん	11년 じゅういちねん	12년 じゅうにねん

04 ~は いつですか。 ~은/는 언제입니까?

テストは いつですか。 시험은 언제입니까?

お誕生日(たんじょうび)は いつですか。 생일은 언제입니까?

夏休(なつやす)みは いつですか。 여름휴가는 언제입니까?

何月(なんがつ) 몇 월 　何日(なんにち) 몇 일 　何曜日(なんようび) 무슨 요일 　何年(なんねん) 몇 년

いつ 언제 　お誕生日(たんじょうび) 생일 　夏休(なつやす)み 여름방학/여름휴가

Track 37

話してみましょう

01 다음 예 와 같이 말해보세요.

4月

日	月	火	水	木	金	土
					1	2 (예)
3 ❶	4 ❷	5	6	7	8 ❸	9
10 ❹	11	12	13	14 ❺	15	16
17	18	19	20	21	22	23
24	25	26	27	28	29 ❻	30

예 A：きょうは、何月何日(なんがつなんにち)ですか。
B：4月(しがつ) 2日(ふつか)です。

❶
❷
❸
❹
❺
❻

7月

日	月	火	水	木	金	土
				1 ❼	2	3
4	5 ❽	6	7 ❾	8	9 ❿	10
11	12	13	14	15	16	17
18	19	20 ⓫	21	22	23	24
25	26	27 ⓬	28	29	30	

❼
❽
❾
❿
⓫
⓬

말해봅시다

02 다음 예 와 같이 말해봅시다.

예 A：バレンタインデーは いつですか。(2月14日)

B：にがつ じゅうよっかです。

❶ A：子(こ)どもの日(ひ)は いつですか。(5月5日)

❷ A：お誕生日(たんじょうび)は いつですか。(9月10日)

❸ A：テストは いつから いつまでですか。(7日～11日)

❹ A：授業(じゅぎょう)は いつから いつまでですか。 (2日～30日)

何月(なんがつ) 몇 월
何日(なんにち) 몇 일
バレンタインデー 발렌타인데이
いつ 언제
子(こ)どもの日(ひ) 어린이날
お誕生日(たんじょうび) 생일
～から ~부터/에서
～まで ~까지
授業(じゅぎょう) 수업

Track 38

聞いてみましょう 들어봅시다

01 다음을 듣고 빈칸에 히라가나를 넣어보세요.

❶ きょうは ＿＿＿＿ です。

❷ じゅぎょうは ＿＿＿＿ からです。

❸ テストは ＿＿＿＿ から ＿＿＿＿ までですか。

02 다음을 듣고 서로 맞는 것을 연결하세요.

예 きょうは 何月何日(なんがつなんにち)ですか。	❶ 4月3日
❶ 山田(やまだ)さんの お誕生日(たんじょうび)は いつですか。	❷ 9月14日
❷ 佐藤(さとう)さんの お誕生日(たんじょうび)は いつですか。	❸ 3月8日
❸ テストは いつからですか。	❹ 8月18日
❹ 授業(じゅぎょう)は いつからですか。	❺ 7月20日

가족을 소개해 봅시다

かぞく
家族(우리가족)

かぞく
ご家族(남의 가족)

そふ
祖父(할아버지)

じい
お祖父さん

そぼ
祖母(할머니)

ばあ
お祖母さん

ちち
父(아버지)

とう
お父さん

はは
母(어머니)

かあ
お母さん

あに
兄(형/오빠)

にい
お兄さん

あね
姉(언니/누나)

ねえ
お姉さん

わたし
私(나)

おとうと
弟(남동생)

おとうと
弟さん

いもうと
妹(여동생)

いもうと
妹さん

かない
家内(아내)

おく
奥さん

しゅじん
主人(남편)

しゅじん
ご主人

むすこ
息子(아들)

むすこ
息子さん

むすめ
娘(딸)

むすめ
娘さん

해석

1과 본문

스즈끼 처음 뵙겠습니다. 스즈끼입니다.
박은영 처음 뵙겠습니다. 박은영입니다.
아무쪼록 잘 부탁드립니다.
스즈끼 저야말로 잘 부탁드려요.

2과 본문

스즈끼 박은영씨, 이쪽은 야마다씨입니다.
박은영 처음 뵙겠습니다. 박은영입니다.
야마다 처음 뵙겠습니다. 야마다입니다.
박은영씨는 무슨일을 하세요?
박은영 회사원이에요.
야마다씨도 회사원이세요?
야마다 아니오, 회사원이 아니에요.
학생이에요.

3과 본문

스즈끼 그것은 무엇입니까?
박은영 이것은 핸드폰이에요.
스즈끼 박은영씨의 핸드폰입니까?
박은영 아니오, 제 핸드폰이 아니에요.
사토씨 것입니다.

4과 본문

스즈끼 박은영씨, 지금 몇 시입니까?
박은영 9시예요.
스즈끼 백화점은 몇 시부터입니까?
박은영 오전 10시 반부터예요.
스즈끼 몇 시까지입니까?
박은영 오후 8시까지예요.

5과 본문

스즈끼 박은영씨, 일본어 공부는 어떻습니까?
박은영 조금 어렵지만 재미있어요.
스즈끼 한자는 어렵지 않습니까?
박은영 그렇네요. 아주 어렵네요.

6과 본문

스즈끼 오늘은 좋은 날씨네요.
박은영 그렇네요. 하지만 조금 춥네요.
일본도 겨울은 추워요?
스즈끼 네, 춥고 아주 바람이 강합니다.

7과 본문

박은영 스즈끼씨는 한국요리를 좋아하세요?
스즈끼 예, 아주 좋아합니다. 하지만, 매운 것은 그다지 좋아하지 않아요.
박은영 그래요? 요리는 잘 하세요?
스즈끼 아니오, 그다지 잘하지 않아요.

8과 본문

스즈끼 여기는 북적거리는 가게군요.
박은영 예, 이 가게는 아주 유명해요.
스즈끼 어째서요?
박은영 친절하고, 요리가 맛있기 때문이에요.

9과 본문

박은영 스즈끼씨는 스키하고 테니스하고 어느 쪽을 좋아하세요?
스즈끼 나는 테니스 쪽을 좋아해요. 박은영씨는 스포츠 중에서 무엇을 가장 좋아하세요?
박은영 수영을 가장 좋아해요.

10과 본문

점 원 어서 오십시오.
스즈끼 이 케익은 얼마입니까?
점 원 300엔입니다.
스즈끼 케익과 커피 2개씩 주세요.
점 원 예, 전부해서 1500엔입니다.
스즈끼 그러면 이것으로 계산해 주세요.

11과 본문

스즈끼 실례합니다. 이 근처에 은행이 있습니까?
통행인 은행이요? 아, 역 옆에 있습니다. 제과점 앞입니다.
스즈끼 제과점 앞말이죠. 감사합니다.

12과 본문

박은영 스즈끼씨, 한국어 시험은 언제예요?
스즈끼 다음주 화요일입니다.
박은영 그러면, 7월 26일이네요. 열심히 하세요.
스즈끼 감사합니다.

해답 – 말해봅시다

1과

1●すみません

2●いいえ、どういたしまして

3●おげんきですか

4●どうぞ、よろしくお願(ねが)いします

5●いってらっしゃい

2과

1

1●A：会社員(かいしゃいん)?

B：うん、会社員(かいしゃいん)。

ううん、会社員(かいしゃいん)じゃない。

A：会社員(かいしゃいん)ですか。

B：はい、会社員(かいしゃいん)です。

いいえ、会社員(かいしゃいん)じゃないです。

いいえ、会社員(かいしゃいん)じゃありません。

2●A：先生(せんせい)?

B：うん、先生(せんせい)。

ううん、先生(せんせい)じゃない。

A：先生(せんせい)ですか。

B：はい、先生(せんせい)です。

いいえ、先生(せんせい)じゃないです。

いいえ、先生(せんせい)じゃありません。

3●A：韓国人(かんこくじん)?

B：うん、韓国人(かんこくじん)。

ううん、韓国人(かんこくじん)じゃない。

A：韓国人(かんこくじん)ですか。

B：はい、韓国人(かんこくじん)です。

いいえ、韓国人(かんこくじん)じゃないです。

いいえ、韓国人(かんこくじん)じゃありません。

4●A：日本人(にほんじん)?

B：うん、日本人(にほんじん)。

ううん、日本人(にほんじん)じゃない。

A：日本人(にほんじん)ですか。

B：はい、日本人(にほんじん)です。

いいえ、日本人(にほんじん)じゃないです。

いいえ、日本人(にほんじん)じゃありません。

2

1●A：あなたは 会社員(かいしゃいん)ですか。

B：はい、会社員(かいしゃいん)です。

いいえ、会社員(かいしゃいん)じゃありません。

医者(いしゃ)です。

2●A：あなたは 先生(せんせい)ですか。

B：はい、先生(せんせい)です。

いいえ、先生(せんせい)じゃありません。

銀行員(ぎんこういん)です。

3●A：あなたは 日本人(にほんじん)ですか。

B：はい、日本人(にほんじん)です。

いいえ、日本人(にほんじん)じゃありません。

韓国人(かんこくじん)です。

4●A：あなたは 中国人(ちゅうごくじん)ですか。

B：はい、中国人(ちゅうごくじん)です。

いいえ、中国人(ちゅうごくじん)じゃありません。

日本人(にほんじん)です。

5●A：あなたは アメリカ人(じん)ですか。

B：はい、アメリカ人(じん)です。

いいえ、アメリカ人(じん)じゃありません。

フランス人(じん)です。

3과

1 ....

1 A：これは 本(ほん)ですか。

B：はい、(それは) 本(ほん)です。

いいえ、(それは) 本(ほん)じゃありません。

2 A：それは 電話(でんわ)ですか。

B：はい、(これは) 電話(でんわ)です。

いいえ、(これは) 電話(でんわ)じゃありません。

3 A：あれは 新聞(しんぶん)ですか。

B：はい、(あれは) 新聞(しんぶん)です。

いいえ、(あれは) 新聞(しんぶん)じゃありません。

4 A：これは ケータイですか。

B：はい、(それは) ケータイです。

いいえ、(それは) ケータイじゃありません。

5 A：それは 時計(とけい)ですか。

B：はい、(これは) 時計(とけい)です。

いいえ、(これは) 時計(とけい)じゃありません。

6 A：あれは 傘(かさ)ですか。

B：はい、(あれは)傘(かさ)です。

いいえ、(あれは) 傘(かさ)じゃありません。

2 ....

1 A：これは あなたの 時計(とけい)ですか。

B：はい、私(わたし)の 時計(とけい)です。

いいえ、私(わたし)の 時計(とけい)じゃありません。

キムさんのです。

2 A：それは　あなたの ケータイですか。

B：はい、私(わたし)の ケータイです。

いいえ、私(わたし)の ケータイじゃありません。

パクさんのです。

3 A：それは あなたの 雑誌(ざっし)ですか。

B：はい、私(わたし)の 雑誌(ざっし)です。

いいえ、私(わたし)の 雑誌(ざっし)じゃありません。

先生(せんせい)のです。

4 A：あれは あなたの 財布(さいふ)ですか。

B：はい、私(わたし)の 財布(さいふ)です。

いいえ、私(わたし)の 財布(さいふ)じゃありません。

鈴木(すずき)さんのです。

5 A：あれは あなたの 傘(かさ)ですか。

B：はい、私(わたし)の 傘(かさ)です。

いいえ、私(わたし)の 傘(かさ)じゃありません。

佐藤(さとう)さんのです。

4과

1 ....

1 しちじ

2 よじ

3 はちじ さんじゅっぷん

4 ごじ にじゅう ごふん

5 くじ よんじゅっぷん

6 いちじ さんじゅう ごふん

7 じゅうにじ ごふん

8 ろくじ じゅっぷん

9 じゅうじ にじゅっぷん

10 よじ よんじゅう ごふん

1 A：会社(かいしゃ)は 何時(なんじ)から 何時(なんじ)までですか。

B：くじから ろくじまでです。

2 A：昼休(ひるやす)みは 何時(なんじ)から 何時(なんじ)までですか。

B：じゅうにじから いちじまでです。

3 A：テストは 何時(なんじ)から 何時(なんじ)までですか。

B：じゅういちじから にじまでです。

4 A：銀行(ぎんこう)は 何時(なんじ)から 何時(なんじ)までですか。

B：くじ さんじゅっぷんから

よじ さんじゅっぷんまでです。

해답 – 말해봅시다

5과

1

1 A：高い？
B：うん、高い。
ううん、高くない。
A：高いですか。
B：はい、高いです。
いいえ、高くないです。
いいえ、高くありません。

2 A：おもしろい？
B：うん、おもしろい。
ううん、おもしろくない。
A：おもしろいですか。
B：はい、おもしろいです。
いいえ、おもしろくないです。
いいえ、おもしろくありません。

3 A：かわいい？
B：うん、かわいい。
ううん、かわいくない。
A：かわいいですか。
B：はい、かわいいです。
いいえ、かわいくないです。
いいえ、かわいくありません。

4 A：忙しい？
B：うん、忙しい。
ううん、忙しくない。
A：忙しいですか。
B：はい、忙しいです。
いいえ、忙しくないです。
いいえ、忙しくありません。

2

1 A：会社は 近いですか。
B：はい、近いです。
いいえ、近くありません。
遠いです。

2 A：日本語は 難しいですか。
B：はい、難しいです。
いいえ、難しくありません。
易しいです。

3 A：韓国料理は おいしいですか。
B：はい、おいしいです。
いいえ、おいしくありません。
辛いです。

4 A：友だちが 多いですか。
B：はい、多いです。
いいえ、多くありません。
少ないです。

5 A：天気が いいですか。
B：はい、いいです。
いいえ、よくありません。
悪いです。

6과

1

1 A：どんな まんがですか。
B：おもしろい まんがです。

2 A：どんな テレビですか。
B：新しい テレビです。

3 A：どんな 犬ですか。
B：かわいい 犬です。

4 A：どんな 映画ですか。
B：怖い 映画です。

5 A：どんな 部屋ですか。
B：明るい 部屋です。

2 ....

1● A：この店(みせ)は どうですか。
B：安(やす)くて いいです。

2● A：あの ジュースは どうですか。
B：甘(あま)くて おいしいです。

3● A：あの 部屋(へや)は どうですか。
B：狭(せま)くて うるさいです。

4● A：キムさんは どうですか。
B：明(あか)るくて おもしろいです。

5● A：山田(やまだ)さんの 犬(いぬ)は どうですか。
B：小(ちい)さくて かわいいです。

7과

1 ....

1● A：元気(げんき)?
B：うん、元気(げんき)。
ううん、元気(げんき)じゃない。
A：元気(げんき)ですか。
B：はい、元気(げんき)です。
いいえ、元気(げんき)じゃないです。
いいえ、元気(げんき)じゃありません。

2● A：簡単(かんたん)?
B：うん、簡単(かんたん)。
ううん、簡単(かんたん)じゃない。
A：簡単(かんたん)ですか。
B：はい、簡単(かんたん)です。
いいえ、簡単(かんたん)じゃないです。
いいえ、簡単(かんたん)じゃありません。

3● A：親切(しんせつ)?
B：うん、親切(しんせつ)。
B：ううん、親切(しんせつ)じゃない。
A：親切(しんせつ)ですか。
B：はい、親切(しんせつ)です。
いいえ、親切(しんせつ)じゃないです。
いいえ、親切(しんせつ)じゃありません。

4● A：真面目(まじめ)?
B：うん、真面目(まじめ)。
ううん、真面目(まじめ)じゃない。
A：真面目(まじめ)ですか。
B：はい、真面目(まじめ)です。
いいえ、真面目(まじめ)じゃないです。
いいえ、真面目(まじめ)じゃありません。

2 ....

1● A：コンビニは 便利(べんり)ですか。
B：はい、とても 便利(べんり)です。
いいえ、あまり 便利(べんり)じゃありません。

2● A：あの 車(くるま)は 丈夫(じょうぶ)ですか。
B：はい、とても 丈夫(じょうぶ)です。
いいえ、あまり 丈夫(じょうぶ)じゃありません。

3● A：東京(とうきょう)は 賑(にぎ)やかですか。
B：はい、とても 賑(にぎ)やかです。
いいえ、あまり 賑(にぎ)やかじゃありません。

4● A：ピアノが 上手(じょうず)ですか。
B：はい、とても 上手(じょうず)です。
いいえ、あまり 上手(じょうず)じゃありません。

5● A：歌(うた)が 好(す)きですか。
B：はい、とても 好(す)きです。
いいえ、あまり 好(す)きじゃありません。

해답 – 말해봅시다

8과

1 ....

1 A：どんな 医者ですか。
B：親切な 医者です。

2 A：どんな 人ですか。
B：真面目な 人です。

3 A：どんな レストランですか。
B：静かな レストランです。

4 A：どんな 地下鉄ですか。
B：便利な 地下鉄です。

5 A：どんな 会社ですか。
B：有名な 会社です。

2 ....

1 A：英語の 先生は どうですか。
B：ハンサムで 親切です。

2 A：ソウル公園は どうですか。
B：静かで きれいです。

3 A：この パソコンは どうですか。
B：便利で いいです。

4 A：日本の まつりは どうですか。
B：賑やかで おもしろいです。

5 A：キムさんの 子どもは どうですか。
B：元気で かわいいです。

9과

1 ....

1 A：犬と 猫と どちらが かわいいですか。
B：犬の ほうが かわいいです。

2 A：日本語と 英語と どちらが おもしろいですか。
B：日本語の ほうが おもしろいです。

3 A：バスと 地下鉄と どちらが 速いですか。
B：地下鉄の ほうが 速いです。

4 A：スキーと テニスと どちらが 上手ですか。
B：スキーの ほうが 上手です。

5 A：夏と 冬と どちらが 好きですか。
B：夏の ほうが 好きです。

2 ....

1 A：お酒の 中で 何が 一番 好きですか。
B：ビールが 一番 好きです。

2 A：料理の 中で 何が 一番 辛いですか。
B：“ユッケジャン” が 一番 辛いです。

3 A：果物の 中で 何が 一番 おいしいですか。
B：いちごが 一番 おいしいです。

4 A：季節の 中で いつが 一番 好きですか。
B：春が 一番 好きです。

10과

1 ....

1 A：いくらですか。
B：ろっぴゃく さんじゅう えんです。

2 A：いくらですか。
B：さんぜん にひゃく えんです。

3 A：いくらですか。
B：はっせん ななひゃく えんです。

4 A：いくらですか。
B：いちまん ろくせん よんひゃく えんです。

5 A：いくらですか。

B：さんまん ななせん はっぴゃく えんです。

2

1 A：ピザは いくらですか。

B：きゅうひゃく にじゅう えんです。

2 A：スパゲッティは いくらですか。

B：ろっぴゃく はちじゅう えんです。

3 A：ケーキは いくらですか。

B：さんびゃく えんです。

4 A：サンドイッチは いくらですか。

B：ごひゃく えんです。

5 A：コーラは いくらですか。

B：ひゃく ななじゅう えんです。

6 A：コーヒー は いくらですか。

B：にひゃく さんじゅう えんです。

7 A：アイスティーは いくらですか。

B：にひゃく ごじゅう えんです。

8 A：ジュースは いくらですか。

B：にひゃく はちじゅう えんです。

9 A：ビールは いくらですか。

B：よんひゃく はちじゅう えんです。

3

1 店員：いらっしゃいませ。

お客：ピザは いくらですか。

店員：きゅうひゃく にじゅう 円です。

お客：ピザと ビール ください。

店員：はい、全部で せん よんひゃく 円です。

お客：じゃあ、これで お願いします。

2 店員：いらっしゃいませ。

お客：スパゲッティは いくらですか。

店員：ろっぴゃく はちじゅう 円です。

お客：スパゲッティと アイスティー ください。

店員：はい、全部で きゅうひゃく さんじゅう 円です。

お客：じゃあ、これで お願いします。

3 店員：いらっしゃいませ。

お客：ケーキは いくらですか。

店員：さんびゃく 円です。

お客：ケーキと コーヒーください。

店員：はい、全部で ごひゃく さんじゅう 円です。

お客：じゃあ、これで お願いします。

4 店員：いらっしゃいませ。

お客：サンドイッチは いくらですか。

店員：ごひゃく 円です。

お客：サンドイッチと ジュースください。

店員：はい、全部で ななひゃく はちじゅう 円です。

お客：じゃあ、これで お願いします。

11과

1

1 A：財布が ありますか。

B：はい、あります。

A：どこに ありますか。

B：かばんの 中にあります。

해답 – 말해봅시다

2 ● A：電話(でんわ)が ありますか。
B：はい、あります。
A：どこに ありますか。
B：本棚(ほんだな)の そばにあります。

3 ● A：犬(いぬ)が いますか。
B：はい、います。
A：どこに いますか。
B：テレビの 前(まえ)に います。

4 ● A：猫(ねこ)が いますか。
B：はい、います。
A：どこに いますか。
B：テーブルの下(した)に います。

5 ● A：恋人(こいびと)が いますか。
B：はい、います。
A：どこに いますか。
B：私(わたし)の 隣(となり)に います。

2 ....

1 ● B：机(つくえ)の 上(うえ)に あります。
2 ● B：花(はな)の 右(みぎ)に あります。
3 ● B：テレビの 前(まえ)に います。
4 ● B：本棚(ほんだな)の 中(なか)に あります。
5 ● B：本棚(ほんだな)の そばに あります。
6 ● B：佐藤(さとう)さんの 後(うし)ろに います。

12과

1 ....

1 ● B：しがつ みっかです
2 ● B：しがつ よっかです
3 ● B：しがつ ようかです
4 ● B：しがつ とおかです
5 ● B：しがつ じゅうよっかです
6 ● B：しがつ にじゅうくにちです
7 ● B：しちがつ ついたちです。
8 ● B：しちがつ いつかです。
9 ● B：しちがつ なのかです。
10 ● B：しちがつ ここのかです。
11 ● B：しちがつ はつかです。
12 ● B：しちがつ にじゅうしちにちです。

2 ....

1 ● B：ごがつ いつかです。
2 ● B：くがつ とおかです。
3 ● B：なのかから じゅういちにちまでです。
4 ● B：ふつかから さんじゅうにちまでです。

해답 – 들어봅시다

1과

1

1●はじめまして

2●おねがいします

3●こちらこそ

2

1●–④　2●–③　3●–⑤　4●–①

2과

1

1●かいしゃいん

2●ぎんこういん

3●かれ、じゃありません

2

1●–⑤　2●–④　3●–②　4●–①

3과

1

1●これ、ケータイ

2●の、とけい

3●せんせいの

2

1●–⑤　2●–①　3●–④　4●–③

4과

1

1●4：30

2●5：05

3●1：20

2

1●9：00～4：00　2●10：30～8：00

3●3：00～5：40

5과

1

1●きょう、さむい

2●りょうり

3●おおく

2

1●–①　2●–②　3●–②　4●–②　5●–①

6과

1

1●こわい

2●てんき、どう

3●やすくて

2

1●–②　2●–②　3●–①　4●–③

7과

1

1●きれい

2●が、すき

3●じょうず

2

1●–②　2●–①　3●–②　4●–②　5●–①

8과

1

1●しんせつな

2●ちかてつ、べんりで

3●ゆうめいな

2

1●–②　2●–①　3●–③　4●–②

9과

1

1 と、と、どちらが、べんり

2 より、ほう、かわいい

3 なか、なに、いちばん

2

1 －② 2 －② 3 －① 4 －① 5 －①

10과

1

1 380

2 260

3 13200

2

1 350、220 2 130、90 3 510、270

11과

1

1 なか、あります。

2 つくえ、います。

3 さいふ、うえ、あります。

2

1 －④ 2 －⑤ 3 －② 4 －③

12과

1

1 4月 10日

2 7月 27日

3 かようび、もくようび

2

1 －③ 2 －① 3 －② 4 －⑤

스크립트 – 들어봅시다

1과

1 다음을 듣고 밑줄에 알맞은 단어를 넣어 보세요(히라가나)

1●(はじめまして)、すずきです。

2●どうぞ よろしく(おねがいします)。

3●(こちらこそ)、どうぞよろしく。

2 다음을 듣고 서로 어울리는 것을 연결하세요.

예 おはようございます

1●おげんきですか

2●どうもありがとうございます

3●いってきます

4●ただいま

2과

1 다음을 듣고 밑줄에 알맞은 단어를 넣어 보세요(히라가나)

1●わたしは (かいしゃいん)です。

2●あなたは (ぎんこういん)ですか。

3●(かれ)は にほんじん(じゃありません。)

2 다음을 듣고 서로 어울리는 것을 연결하세요.

예 A：キムさんは 銀行員(ぎんこういん)ですか。
B：はい、銀行員(ぎんこういん)です。

1●A：田中(たなか)さんは 学生(がくせい)ですか。
B：いいえ、学生(がくせい)じゃありません。
医者(いしゃ)です。

2●A：佐藤(さとう)さんは 会社員(かいしゃいん)ですか。
B：いいえ、会社員(かいしゃいん)じゃありません。
学生(がくせい)です。

3●A：パクさんは 医者(いしゃ)ですか。
B：いいえ、会社員(かいしゃいん)です。

4●A：中村(なかむら)さんは 先生(せんせい)ですか。
B：はい、先生(せんせい)です。

3과

1 다음을 듣고 밑줄에 알맞은 단어를 넣어 보세요(히라가나)

1●(これ)は (ケータイ)です。

2●あれは あなた (の) (とけい)ですか。

3●それは (せんせいの)じゃありません。

2 다음을 듣고 서로 어울리는 것을 연결하세요.

예 A：これは あなたの かばんですか。
B：はい、私(わたし)の かばんです。

1●A：それは 中村(なかむら)さんの 新聞(しんぶん)ですか。
B：いいえ、中村(なかむら)さんの 新聞(しんぶん)じゃありません。キムさんの 新聞(しんぶん)です。

2●A：あれは あなたの 時計(とけい)ですか。
B：いいえ、私(わたし)の 時計(とけい)じゃありません。
先生(せんせい)の 時計(とけい)です。

3●A：これは 中村(なかむら)さんの ケータイですか。
B：はい、中村(なかむら)さんのです。

4●A：それは キムさんの 財布(さいふ)ですか。
B：いいえ、佐藤(さとう)さんのです。

4과

1 다음을 듣고 시계 안에 시간을 그려넣어 보세요.

예 7時(じ)です。

1●4時(じ) 30分(ぷん)です。

2●5時(じ) 5分(ふん)です。

3●1時(じ) 20分(ぷん)です。

2 다음을 듣고 시간을 써넣어 보세요.

예 A：会社(かいしゃ)は 何時(なんじ)から 何時(なんじ)までですか。
B：9時(じ)から 6時(じ)までです。

스크립트 – 들어봅시다

1●A：銀行は 何時から 何時までですか。

B：9時から 4時までです。

2●A：デパートは 何時から 何時までですか。

B：10時 30分から 8時までです。

3●A：テストは 何時から 何時までですか。

B：3時から 5時 40分までです。

5과

1 다음을 듣고 밑줄에 알맞은 단어를 넣어 보세요(히라가나).

1●(きょう)は (さむい)です。

2●にほん (りようり)は からいですか。

3●ともだちが (おおく) ありません。

2 다음을 듣고 해당하는 그림을 고르세요.

예 A：きょうは 寒いですか。

B：はい、寒いです。

1●A：日本語は 易しいですか。

B：はい、易しいです。

2●A：友だちが 多いですか。

B：いいえ、多くありません。

3●A：きょうは 天気が いいですか。

B：いいえ、よくありません。

4●A：韓国料理は 辛いですか。

B：はい、辛いです。

5●A：会社は 遠いですか。

B：いいえ、遠くありません。

6과

1 다음을 듣고 밑줄에 알맞은 단어를 넣어보세요(히라가나).

1●これは (こわい) えいがです。
2●(てんき)は (どう)ですか。
3●この みせは (やすくて)おいしいです。

2 다음을 듣고 해당하는 그림을 고르세요.

예 A：どんな かばんですか。

B：安いかばんです。

1●A：どんな 映画ですか。

B：怖い 映画です。

2●A：どんな 店ですか。

B：明るい 店です。

3●A：山田さんの 犬は どうですか。

B：小さくて かわいいです。

4●A：あの 部屋は どうですか。

B：狭くて うるさいです。

7과

1 다음을 듣고 밑줄에 알맞은 단어를 넣어 보세요(히라가나).

1●せんせいは (きれい)です。
2●さしみ (が) (すき)ですか。
3●うたは (じょうず)じゃありません。

2 다음을 듣고 해당하는 그림을 고르세요.

예 A：キムさんは 元気ですか。

B：はい、とても 元気です。

1●A：田中さんは 歌が 上手ですか。

B：はい、上手です。

2●A：ソウルは 静かですか。

B：いいえ、静かじゃありません。
賑やかです。

3●A：山田(やまだ)さんは 親切(しんせつ)ですか。

B：はい、親切(しんせつ)です。

4●A：あなたは スポーツが 好(す)きですか。

B：いいえ、好(す)きじゃありません。
嫌(きら)いです。

5●A：キム先生(せんせい)の 車(くるま)は 丈夫(じょうぶ)ですか。

B：はい、丈夫(じょうぶ)です。

8과

1 다음을 듣고 밑줄에 알맞은 단어를 넣어보세요(히라가나).

1●キムさんは (しんせつな) ひとです。
2●にほんの (ちかてつ)は (べんりで) はやいです。
3●(ゆうめいな) かいしゃですか。

2 다음을 듣고 맞는 그림을 찾아보세요.

예 A：山田(やまだ)さんは どんな人(ひと)ですか。
B：親切(しんせつ)な 人(ひと)です。

1●A：どんな 車(くるま)ですか。
B：丈夫(じょうぶ)な 車(くるま)です。

2●A：どんな レストランですか。
B：静(しず)かな レストランです。

3●A：このデパートは どうですか。
B：有名(ゆうめい)で 立派(りっぱ)です。

4●A：この公園(こうえん)は どうですか。
B：静(しず)かで きれいです。

9과

1 다음을 듣고 밑줄에 알맞은 단어를 넣어 보세요(히라가나).

1●バス(と) ちかてつ(と) (どちらが)
(べんり) ですか。

2●いぬ (より) ねこの (ほう)が
(かわいい)です。

3●スポーツの (なか)で (なに)が
(いちばん) すきですか。

2 다음을 듣고 해당하는 그림을 고르세요.

예 A：みかんと いちごと どちらが
おいしいですか。
B：みかんより いちごの ほうが
おいしいです。

1●A：スキーと 水泳(すいえい)と どちらが 上手(じょうず)ですか。
B：水泳(すいえい)の ほうが 上手(じょうず)です。

2●A：バスと 地下鉄(ちかてつ)と どちらが 速(はや)いですか。
B：バスより 地下鉄(ちかてつ)の ほうが 速(はや)いです。

3●A：お酒(さけ)の 中(なか)で 何(なに)が 一番(いちばん) おいしいですか。
B：ビールが 一番(いちばん) おいしいです。

4●A：季節(きせつ)の 中(なか)で いつが 一番(いちばん) 好(す)きですか。
B：春(はる)が 一番(いちばん) 好(す)きです。

5●A：料理(りょうり)の 中(なか)で 何(なに)が 一番(いちばん) 好(す)きですか。
B：すしが 一番(いちばん) 好(す)きです。

10과

1 다음을 듣고 괄호 안에 금액을 써 넣어 보세요.

1●ケーキは (380)円(えん)です。

2●アイスティーは (260)円(えん)です。

3●カメラは (13200)円(えん)です。

2 다음을 듣고 금액을 써 넣어보세요.

예 A：ハンバーガーは いくらですか。
B：430円(えん)です。
A：コーラは いくらですか。
B：180円(えん)です。
A：ハンバーガーと コーラください。

스크립트 – 들어봅시다

1● A：ケーキは いくらですか。
B：350円(えん)です。
A：コーヒーは いくらですか。
B：220円(えん)です。
A：ケーキと コーヒーください。

2● A：ノートは いくらですか。
B：130円(えん)です。
A：ボールペンは いくらですか。
B：90円(えん)です。
A：ノートと ボールペンください。

3● A：サンドイッチは いくらですか。
B：510円(えん)です。
A：アイスティーは いくらですか。
B：270円(えん)です。
A：サンドイッチと アイスティーください。

11과

1 다음을 듣고 밑줄에 알맞은 단어를 넣어보세요(히라가나).

1● ほんは かばんの (なか)に (あります)。

2● いぬは (つくえ) の そばに (います)。

3● (さいふ)は テレビの (うえ) に (あります)。

2 다음을 듣고 해당하는 그림을 고르세요.

예 A：かばんは どこに ありますか。
B：いすの 下(した)に あります。

1● A：財布(さいふ)は どこに ありますか。
B：机(つくえ)の 上(うえ)に あります。

2● A：テレビは どこに ありますか。
B：ベッドの そばに あります。

3● A：日本語(にほんご)の 本(ほん)は どこに ありますか。
B：本棚(ほんだな)の 中(なか)に あります。

4● A：犬(いぬ)は どこに いますか。
B：本棚(ほんだな)の 前(まえ)に います。

12과

1 다음을 듣고 ( )안에 알맞은 단어를 넣어 보세요.

1● きょうは (4月 10日)です。

2● じゅぎょうは (7月 27日)からです。

3● テストは (かようび)から (もくようび) までですか。

2 다음을 듣고 서로 어울리는 것을 연결하세요.

예 きょうは 何月何日(なんがつなんにち)ですか。
8月 18日です。

1● 山田(やまだ)さんの お誕生日(たんじょうび)は いつですか。
3月 8日です。

2● 佐藤(さとう)さんの お誕生日(たんじょうび)は いつですか。
4月 3日です。

3● テストは いつからですか。
9月 14日からです。

4● 授業(じゅぎょう)は いつからですか。
7月 20日からです。

일본어가 반듯하게 무럭무럭 자라는
すくすく
스 쿠 스 쿠
日本語
첫걸음
파고다 언어교육연구소 저
일본어 글씨본
히라가나 • 가타카나

일본어 글씨본

히라가나 • 가타카나

PAGODA Books

일본어 글씨본

히라가나 청음

あ [a]					
い [i]					
う [u]					
え [e]					
お [o]					

か
[ka]

き
[ki]

く
[ku]

け
[ke]

こ
[ko]

さ

[sa]

し

[si]

す

[su]

せ

[se]

そ

[so]

た
[ta]

ち
[chi]

つ
[tsu]

て
[te]

と
[to]

な
[na]

に
[ni]

ぬ
[nu]

ね
[ne]

の
[no]

は
[ha]

ひ
[hi]

ふ
[hu]

へ
[he]

ほ
[ho]

ま
[ma]

み
[mi]

む
[mu]

め
[me]

も
[mo]

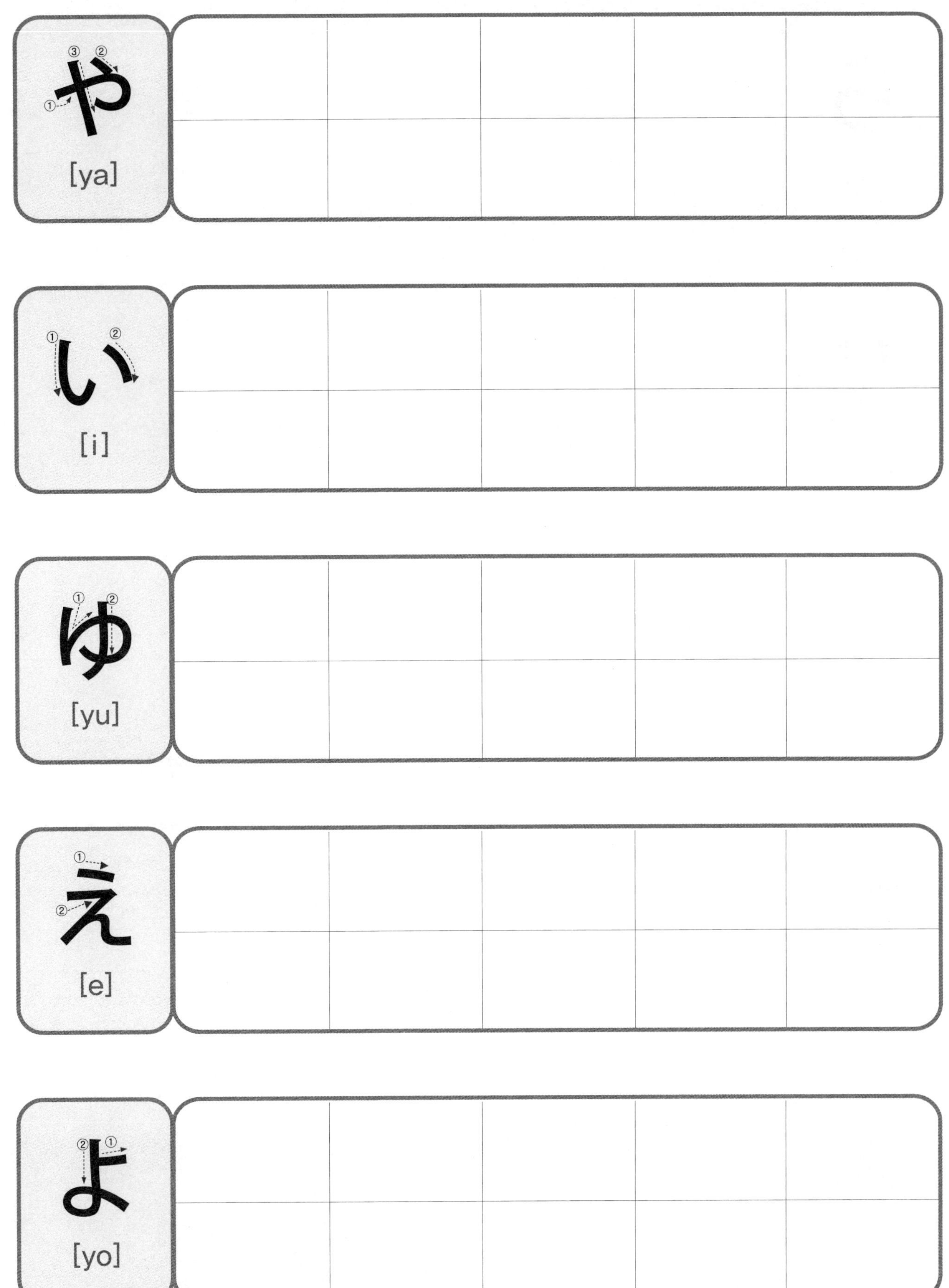
や
[ya]
い
[i]
ゆ
[yu]
え
[e]
よ
[yo]

ら
[ra]

り
[ri]

る
[ru]

れ
[re]

ろ
[ro]

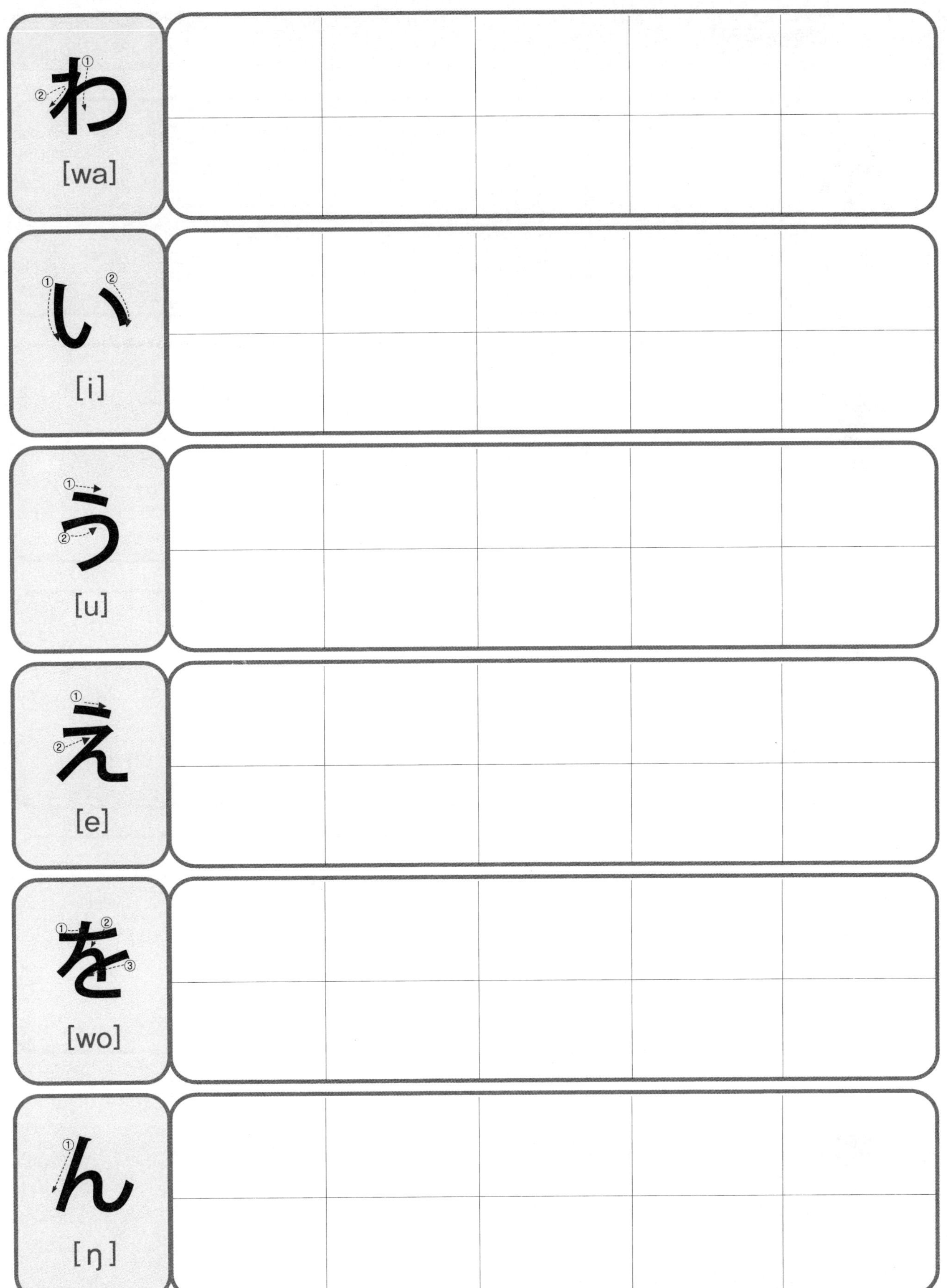
わ
[wa]
い
[i]
う
[u]
え
[e]
を
[wo]
ん
[ŋ]

히라가나 탁음

が [ga]					
ぎ [gi]					
ぐ [gu]					
げ [ge]					
ご [go]					

ざ
[za]

じ
[zi]

ず
[zu]

ぜ
[ze]

ぞ
[zo]

だ
[da]

ぢ
[zi]

づ
[zu]

で
[de]

ど
[do]

ば
[ba]

び
[bi]

ぶ
[bu]

べ
[be]

ぼ
[bo]

히라가나 반탁음

ぱ
[pa]

ぴ
[pi]

ぷ
[pu]

ぺ
[pe]

ぽ
[po]

히라가나 요음

きゃ [kya]					
きゅ [kyu]					
きょ [kyo]					
しゃ [sya]					
しゅ [syu]					
しょ [syo]					

ちゃ
[cha]

ちゅ
[chu]

ちょ
[cho]

にゃ
[nya]

にゅ
[nyu]

にょ
[nyo]

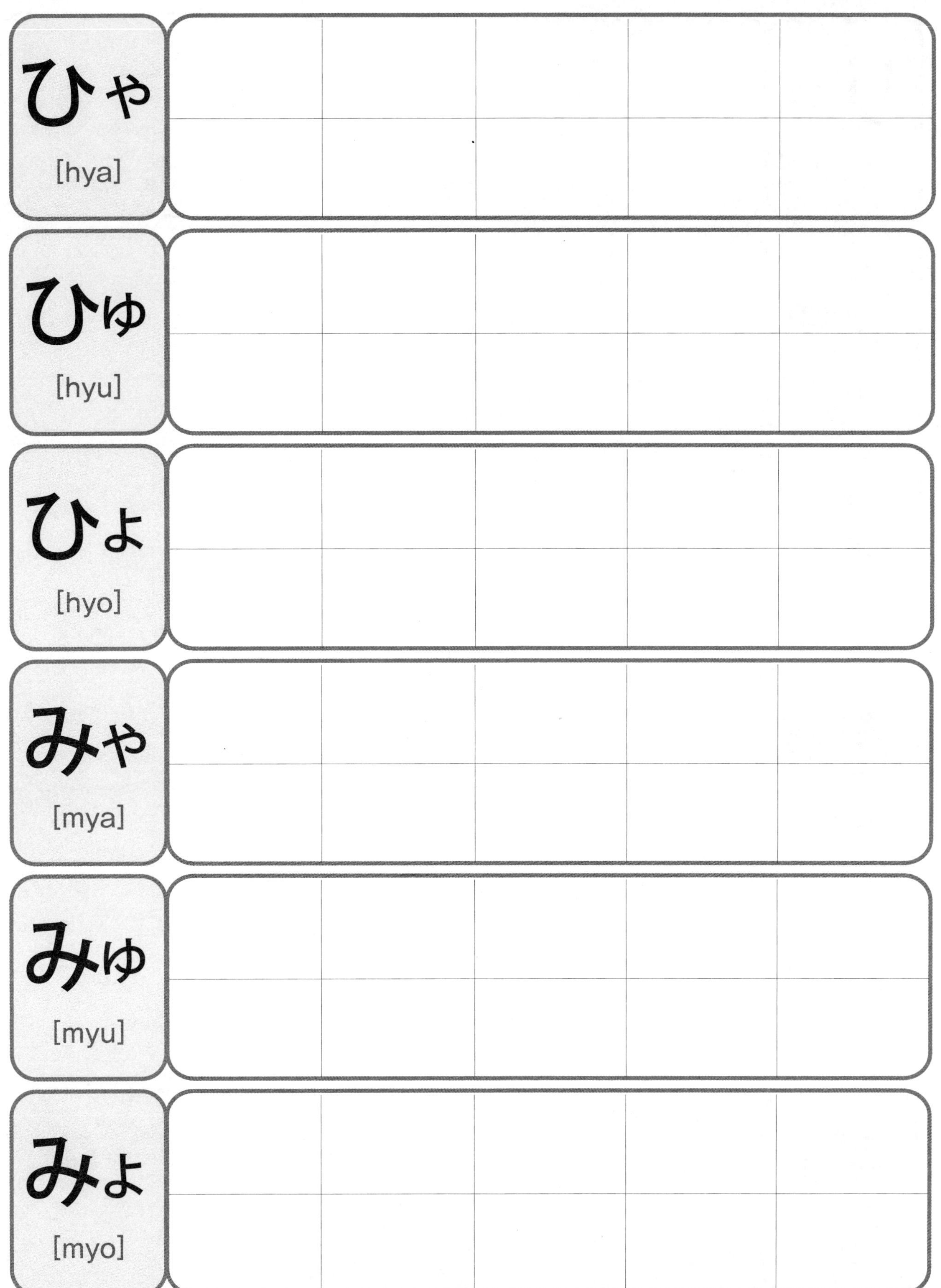
ひゃ
[hya]
ひゅ
[hyu]
ひょ
[hyo]
みゃ
[mya]
みゅ
[myu]
みょ
[myo]

りゃ
[rya]

りゅ
[ryu]

りょ
[ryo]

ぎゃ
[gya]

ぎゅ
[gyu]

ぎょ
[gyo]

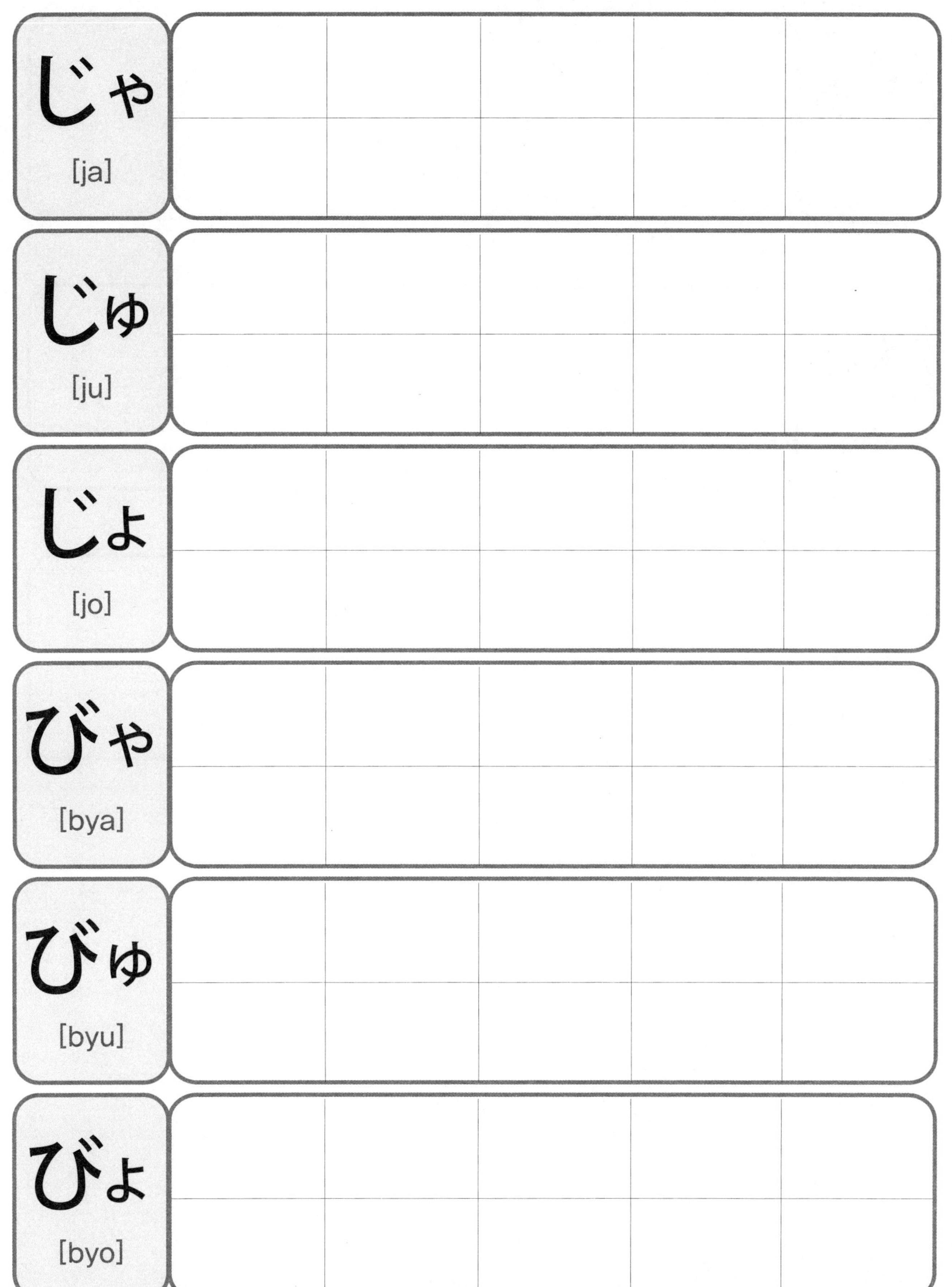
じゃ
[ja]
じゅ
[ju]
じょ
[jo]
びゃ
[bya]
びゅ
[byu]
びょ
[byo]

ぴゃ

[pya]

ぴゅ

[pyu]

ぴょ

[pyo]

가타카나 청음

ア
[a]

イ
[i]

ウ
[u]

エ
[e]

オ
[o]

カ
[ka]

キ
[ki]

ク
[ku]

ケ
[ke]

コ
[ko]

①②③ サ
[sa]

①②③ シ
[si]

①② ス
[su]

①② セ
[se]

①② ソ
[so]

タ [ta]					
チ [chi]					
ツ [tsu]					
テ [te]					
ト [to]					

ナ
[na]

ニ
[ni]

ヌ
[nu]

ネ
[ne]

ノ
[no]

ハ [ha]					
ヒ [hi]					
フ [hu]					
ヘ [he]					
ホ [ho]					

マ
①②
[ma]

ミ
①②③
[mi]

ム
①②
[mu]

メ
①②
[me]

モ
①②③
[mo]

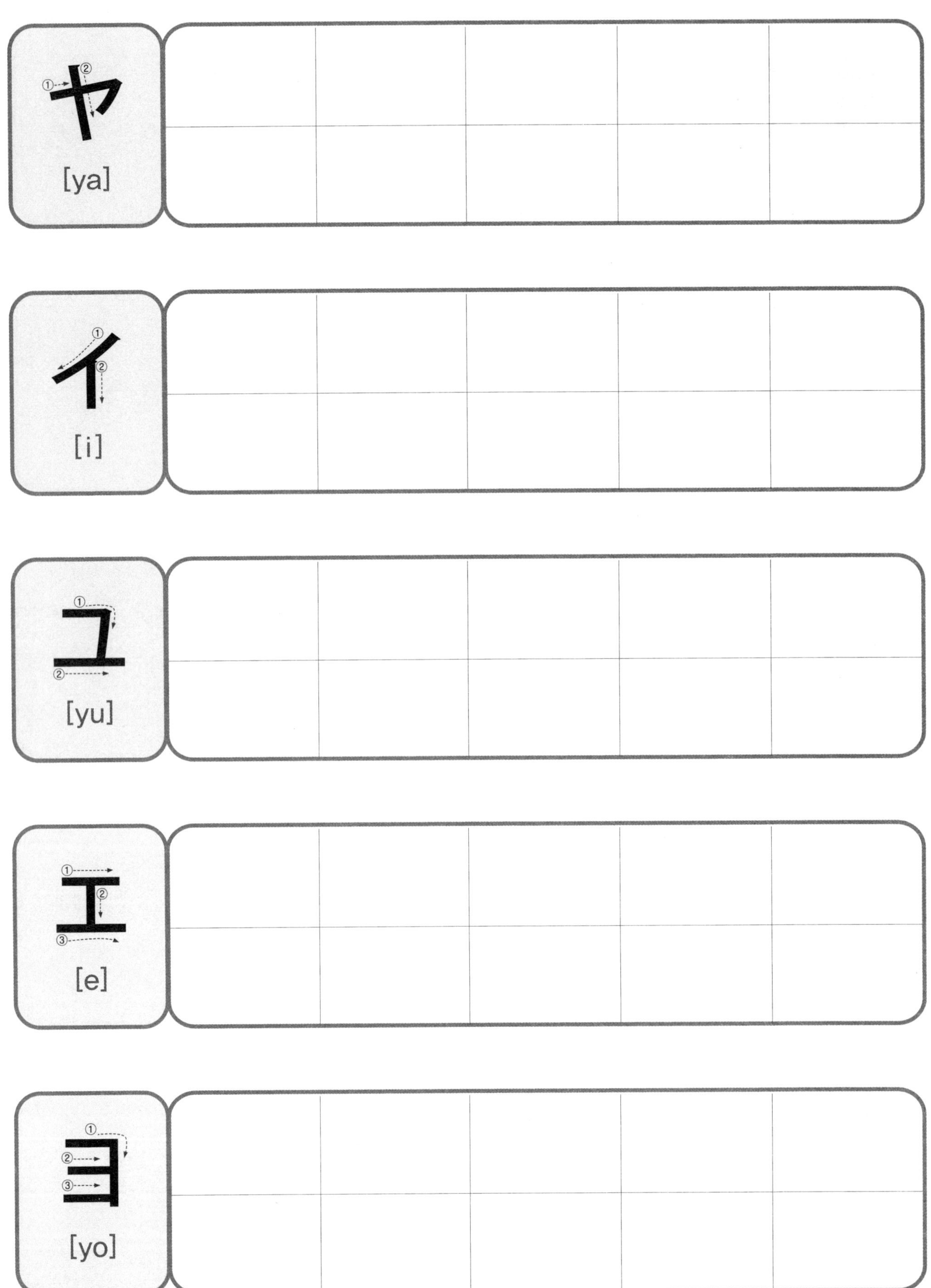
ヤ
[ya]
イ
[i]
ユ
[yu]
エ
[e]
ヨ
[yo]

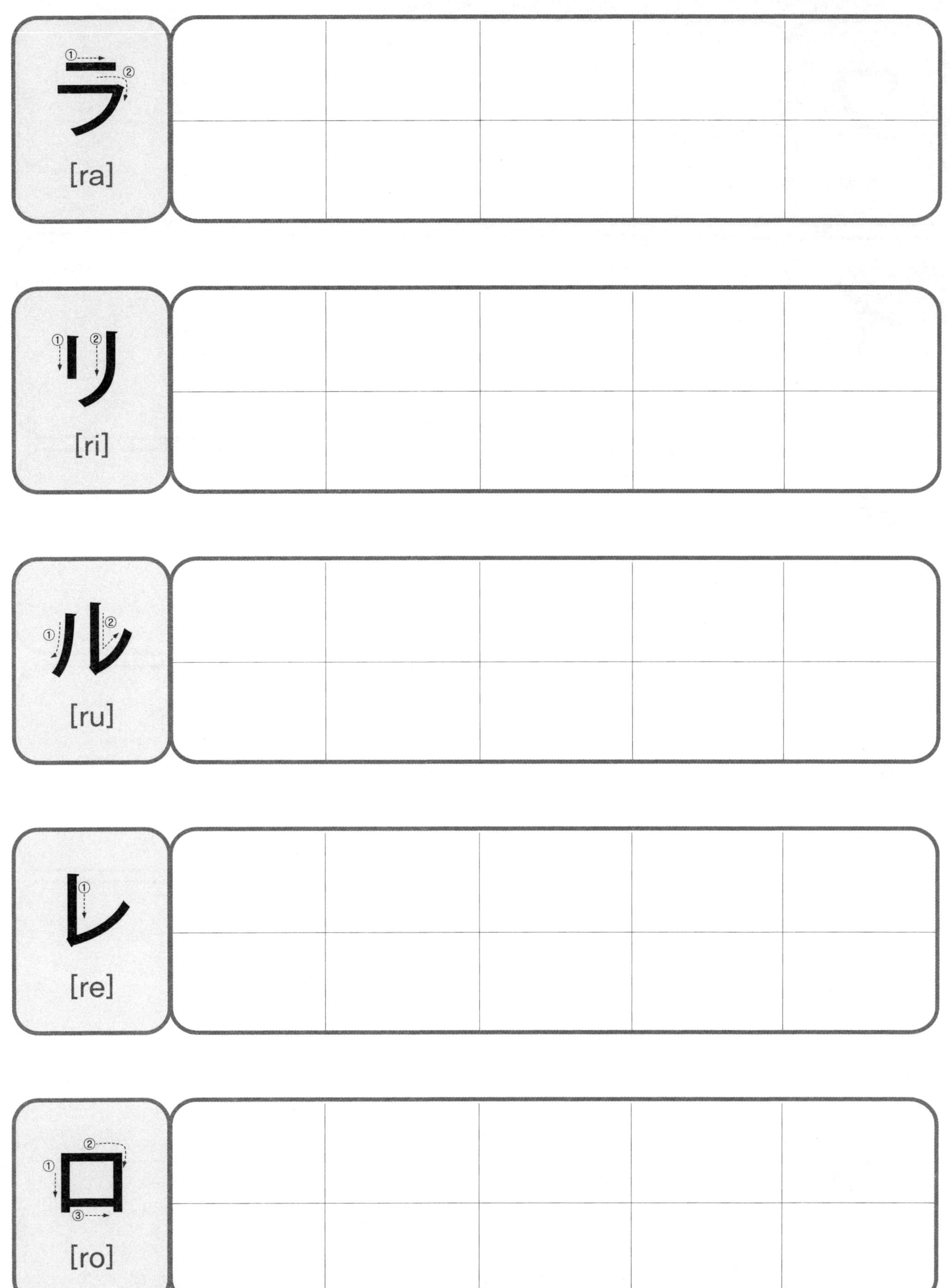
ラ
[ra]
リ
[ri]
ル
[ru]
レ
[re]
ロ
[ro]

ワ

[wa]

イ

[i]

ウ

[u]

エ

[e]

ヲ

[wo]

ン

[ŋ]

가타카나 탁음

ガ
[ga]

ギ
[gi]

グ
[gu]

ゲ
[ge]

ゴ
[go]

ザ
[za]

ジ
[zi]

ズ
[zu]

ゼ
[ze]

ゾ
[zo]

ダ
[da]

ヂ
[zi]

ヅ
[zu]

デ
[de]

ド
[do]

バ

[ba]

ビ

[bi]

ブ

[bu]

ベ

[be]

ボ

[bo]

가타카나 반탁음

パ
[pa]

ピ
[pi]

プ
[pu]

ペ
[pe]

ポ
[po]

キャ
[kya]

キュ
[kyu]

キョ
[kyo]

シャ
[sya]

シュ
[syu]

ショ
[syo]

チャ
[cha]

チュ
[chu]

チョ
[cho]

ニャ
[nya]

ニュ
[nyu]

ニョ
[nyo]

ヒャ
[hya]

ヒュ
[hyu]

ヒョ
[hyo]

ミャ
[mya]

ミュ
[myu]

ミョ
[myo]

リャ
[rya]

リュ
[ryu]

リョ
[ryo]

ギャ
[gya]

ギュ
[gyu]

ギョ
[gyo]

ジャ [ja]					
ジュ [ju]					
ジョ [jo]					
ビャ [bya]					
ビュ [byu]					
ビョ [byo]					

ピャ
[pya]

ピュ
[pyu]

ピョ
[pyo]

すくすく
스 쿠 스 쿠

日本語
첫걸음

일본어 글씨본

히라가나 • 가타카나